RENÉ
GIRARD

Realizações
Editora

Impresso no Brasil,
agosto de 2011

Título original: *Le
Tragique et la Pitié*.
Copyright © 2007 by
Le Pommier. Todos os
direitos reservados.

Diagramação e finalização
Mauricio Nisi Gonçalves
André Cavalcante
Gimenez/Estúdio É

Pré-impressão e
impressão
Prol Editora Gráfica

Os direitos desta edição
pertencem a
É Realizações Editora,
Livraria e Distrib. Ltda.
Caixa Postal: 45321
cep: 04010 970
São Paulo, SP, Brasil
Telefax: (5511) 5572 5363
e@erealizacoes.com.br
www.erealizacoes.com.br

Proibida toda e qualquer
reprodução desta edição
por qualquer meio ou
forma, seja ela eletrônica
ou mecânica, fotocópia,
gravação ou qualquer
outro meio de reprodução,
sem permissão expressa
do editor.

Editor
**Edson Manoel de
Oliveira Filho**

Coordenador da
Biblioteca René Girard
**João Cezar de Castro
Rocha**

Assistentes editoriais
**Gabriela Trevisan
Veridiana Schwenck**

Revisão
**Gabriela Trevisan
Liliana Cruz**

Design Gráfico
**Alexandre Wollner
Alexandra Viude**
Janeiro/Fevereiro 2011

RENÉ GIRARD

o trágico e a piedade

discurso de posse de René Girard na Academia Francesa e discurso de recepção de Michel Serres

René Girard e
Michel Serres

tradução Margarita Maria
Garcia Lamelo

Realizações
Editora

Esta edição teve o apoio da Fundação Imitatio.

INTEGRATING THE HUMAN SCIENCES

Imitatio foi concebida como uma força para levar adiante os resultados das interpretações mais pertinentes de René Girard sobre o comportamento humano e a cultura.

Eis nossos objetivos:

Promover a investigação e a fecundidade da Teoria Mimética nas ciências sociais e nas áreas críticas do comportamento humano.

Dar apoio técnico à educação e ao desenvolvimento das gerações futuras de estudiosos da Teoria Mimética.

Promover a divulgação, a tradução e a publicação de trabalhos fundamentais que dialoguem com a Teoria Mimética.

sumário

9
23, quai de Conti, Paris; 15 de dezembro de 2005
Pierpaolo Antonello

19
discurso de posse de René Girard

45
discurso de recepção de Michel Serres

75
breve explicação

77
cronologia de René Girard

81
bibliografia de René Girard

84
bibliografia selecionada sobre René Girard

92
índice analítico

94
índice onomástico

23, quai de Conti, Paris; 15 de dezembro de 2005
Pierpaolo Antonello[1]

Estou olhando para a Cúpula do Institut de France, do século XVII, do arquiteto Louis Le Vau, inclinada sobre o salão oval onde a cerimônia de eleição da 37ª cadeira da Academia Francesa está prestes a começar. É um dia claro do meio do mês de dezembro e há uma luz suave que cobre essa original arquitetura híbrida, em parte barroca, em parte clássica, do amplo hall que foi no passado a Capela do Collège des Quatre-Nations, e agora, depois da reorganização da Academia, o salão de reuniões oficial dos "imortais", como são chamados os quarenta membros. Há um leve burburinho enquanto os convidados procuram seus lugares e olham ao redor para encontrar conhecidos, amigos, colegas ou personalidades eminentes. Estou sentado à esquerda em relação ao lugar a partir do qual o presidente da sessão, Michel Serres, pronunciará sua resposta ao discurso de posse do candidato eleito, René Girard. Para minha surpresa, alguns minutos depois de ter entrado no salão, vejo alguns conhecidos que se aproximam e procuram um lugar próximo para

---

[1] Professor de Literatura Italiana, St. John's College, Universidade de Cambridge.

se sentarem: quase todos os membros do Departamento de Francês e de Italiano de Stanford, onde estive durante cinco anos intensos da minha vida. Todos estão aqui para celebrar René, que deixou de dar aulas há dez anos, em 1995, e que agora deve ser honrado com sua eleição ao nível mais alto e prestigioso da elite acadêmica e intelectual francesa. Caminho lentamente do meu lugar para cumprimentar Sepp Gumbrecht e Robert Harrison, meus orientadores em Stanford; vejo também Jean-Pierre Dupuy, meu ex-professor e colaborador de longa data de René, e uma jovem colega, Laura Wittman, que se juntou ao departamento depois que deixei Stanford em 1999. Eles estão alegres e animados, em particular Sepp, enquanto eu me vejo um pouco desajeitado para começar uma conversa com o meu francês básico. Comparando com as onze horas de voo deles, para mim foi uma viagem muito fácil e tranquila de trem de Londres, onde o teólogo inglês James Alison juntou-se a mim – colega da teoria mimética e amigo, que veio a Paris para essa ocasião. No trem, o primeiro comentário e o mais fácil que fizemos foi dizer que essa eleição já era merecida há muito tempo. René Girard publicou suas obras mais importantes e representativas, *A Violência e o Sagrado* e *Coisas Ocultas desde a Fundação do Mundo*, nos anos 1970, e desde então ele revolucionou a forma de pensarmos sobre os fatos históricos e os fenômenos mundiais, em textos literários e filosóficos, na ciência e na religião. Para mim, e para muitas pessoas presentes, há um sentimento claro de que a trajetória da nossa vida intelectual poderia ser dividida tendo como referência um ponto fundamental: *antes* e *depois* de Girard. Ler sua obra, em 1994, com meu amigo João Cezar – durante longas noites no seu flat em Escondido Village, um dos complexos residenciais de estudantes em Stanford – foi provavelmente a experiência intelectual mais forte da minha vida. Dessas noites – dessas discussões intermináveis com João, que sempre acabavam à uma da manhã com algumas cervejas e um jogo de bilhar na Tony's Nuts House, nosso refúgio favorito de Palo Alto –, e da amizade que criamos então com René, em muitas conversas amigáveis e entusiasmadas, nasceu o livro *Evolução e Conversão*. Publicado em 2000, em português na sua primeira versão, saiu na França em 2004, recebendo o *Prix Aujourd'hui* como o melhor ensaio publicado naquele ano, e que segundo alguns dos colegas com mais conhecimento interno sobre a vida pública francesa (Jean-Pierre Dupuy, Mark Anspach e Benoît Chantre, entre outros presentes na época), ajudou a eleger René para a Academia. Nosso livro – de forma inesperada mas não surpreendente – conseguiu trazer de volta sua obra para o centro da discussão teórica na França, depois de uma década da recepção marginal relativa, quando não deliberadamente negligenciada. Para nós, foi a elaboração paciente de um "longo argumento do início ao fim", em que repensamos os princípios essenciais da teoria de René, tentando reavaliar uma das hipóteses mais poderosas produzidas no século XX. Foi um pensamento que me comoveu, enquanto esperava os discursos de posse e de recepção, e identifiquei, no lado oposto dos dois semicírculos do hall, Martha, a mulher de René, rodeada por seus filhos e netos, todos com seu peculiar "*air de famille*". Talvez estejam pensando no seu passado cultural composto e estratificado: de um lado, norte-americano, em que o espírito democrático apagou a necessidade de formas institucionais de elitismo, e do outro, francês, em que o sistema de distinção, segundo o termo de

Pierre Bourdieu, é vigorosamente cumprido, na esfera cultural e social. Girard também está em pé, muito digno e elegante no seu uniforme oficial, "as vestes verdes": um longo casaco preto muito bordado com motivos de folhas, num verde dourado. No dia anterior, numa cerimônia menor, ele também recebeu "a espada", a tradicional espada cerimonial dada pelos membros da família e amigos íntimos, durante a qual ele não pôde deixar de comentar com sua ironia característica toda aquela extravagância cerimonial. Aparentemente, sua eleição foi votada unanimemente pelos outros membros da Academia, inclusive Claude Lévi-Strauss, o famoso antropólogo, cuja teoria foi extremamente criticada por René em *A Violência e o Sagrado* e que sempre se mostrou distante em relação à teoria mimética. Há um sentido de conclusão nesse gesto de reconciliação e um sentido de conquista final da parte de Girard, na ocasião com 72 anos, pois sempre se viu como um estranho, quando não um pária, em relação aos círculos intelectuais e filósofos franceses, e de forma polêmica, mimética, sofreu com isso. Talvez para ele, era como se finalmente estivesse voltando para casa, embora sua casa, família, vida, sua história pessoal e acadêmica tenha sido construída em outro lugar, no outro lado do oceano, a milhares de quilômetros do 23, quai de Conti. Porém, é uma ironia sutil, e sublime, que ele tenha comprado uma casa na Frenchman road, em Stanford, onde ele ainda vive.

Há todos os tipos de composições simbólicas simétricas no lugar em que René Girard está agora, e no discurso de recepção que está prestes a pronunciar. Faz parte da tradição que um membro recém-eleito faça o elogio do seu predecessor na sua cerimônia de posse; nesse caso o padre dominicano Ambroise-Marie Carré, "um dos dois únicos membros do clero regular jamais eleitos na Academia". Como um pensador que expressou o pensamento controvertido e a ideia provocadora de que o cristianismo é o motor principal da secularização, Girard fará uma palestra formal sobre a carreira intelectual e espiritual de um sacerdote numa antiga Capela Católica, que se transformou no ponto de encontro secular depois da Revolução Francesa, como o centro simbólico da nova religião da modernidade europeia: a linguagem e cultura do Estado nacional. É como se a história estivesse agora tentando recompor seu movimento contraditório, através do qual, segundo Girard, a cultura ocidental está se tornando cada vez mais cristã quando tenta se distanciar ao máximo do cristianismo. Ambroise-Marie Carré foi de fato uma voz na Igreja que viveu a transição difícil que ocorreu com o Concílio Vaticano II, e com a busca da modernização dentro da Igreja, que não se produziu sem tensões, hesitações e contradições. Contudo, Girard não está muito interessado no padre Carré como uma figura pública ou política, como um orador famoso e uma pessoa mediática, ou como uma das figuras principais da Resistência Francesa contra a ocupação nazista. Ao contrário, ele opta por enfocar um momento muito particular, mas muito decisivo da vida de Carré: a experiência do encontro místico com Deus quando tinha treze anos, como ele narrou em um dos seus diários, um momento que caracterizou sua atividade pública fervorosa, sua oratória apaixonada, sua escrita e suas ações por toda a sua vida. É bastante impressionante pensar nesse momento, a forma através da qual Girard, nessa ocasião extremamente pública e solene, decide falar de um momento muito pessoal, embora crucial, da vida de

Carré. É como se Girard também comentasse um fato semelhante que marcou sua vida: a sua própria conversão, como ele relata numa longa entrevista com o jornalista francês Michel Treguer, publicada em 1996, no livro *Quando Começarem a Acontecer essas Coisas*. Talvez esteja dizendo ao público que tudo o que fez, tudo o que escreveu e pensou, nos últimos cinquenta anos, decorre disso: do seu encontro pessoal com Deus. Seu primeiro livro, *Mentira Romântica e Verdade Romanesca*, composto nesses anos primordiais, já é essa ida das "mentiras" do individualismo romântico para a "verdade" da revelação e conversão. Como é típico nele, sua voz é sombria, com um tom modesto, mesmo quando fala de uma personalidade viva como a de Carré. O aplauso no fim do discurso de Girard é, entretanto, caloroso e generoso, visto que tocou a emoção de muitos do público, inclusive aqueles "imortais" que eram conhecidos ou amigos do padre Carré. Um tom de voz completamente diferente ressoou sob a Cúpula do Institut de France, quando Michel Serres foi ao pódio para apresentar sua "Resposta" ao discurso de Girard. Para mim, novamente, é como voltar dez anos atrás quando encontrei os dois em Stanford, ao assistir às suas palestras e ficar muito impressionado com seus estilos intelectuais e de ensino diferentes. Fiquei muito impressionado, de início, com a retórica exuberante, apaixonada, sofisticada de Serres, com seu francês bonito, elegante, extremamente literário, com o qual pude tecer, em *tours de force* intelectuais fascinantes, história da ciência, filosofia, discurso literário, sociologia e antropologia. Contudo, como pude notar, muitas daquelas intuições fascinantes, muitas das observações extraordinárias que Serres fez nas suas palestras e seminários, eram interpretações da intuição extremamente poderosa que Girard tivera muitas décadas atrás quando escreveu *A Violência e o Sagrado*: as origens sacrificiais da cultura. E de fato, uma vez mais, é sobre o que Serres está falando agora, quando ele observa que "Coupole", a cúpula sob a qual estamos todos sentados em silêncio, é o vestígio arquitetural das pedras da lapidação sacrificial, "modelo reduzido" das pirâmides do Egito. É uma antropologia trágica descrita por Girard em sua obra, mas que serve como uma luva na história humana. Essa é a razão pela qual Serres chama Girard de "Darwin das ciências humanas", porque revelou o motor das nossas civilizações, que se baseia no sacrifício de vítimas inocentes. Ele chama Girard de seu "gêmeo", por sua amizade de longa data e pelas origens comuns no sul da França, mas principalmente por causa de seu compartilhamento biográfico na base de suas maneiras de pensar sobre a história em termos trágicos: a devastação da Europa sob o jugo de totalitarismos fanáticos que testemunharam quando eram adolescentes, e que fez Girard deixar a França em 1947 e migrar para os Estados Unidos. A teoria de Girard pode ser vista como a autobiografia trágica da Europa e dos seus nacionalismos na primeira metade do século XX, que transformou milhões de pessoas inocentes em bodes expiatórios no altar do ressentimento histórico coletivo e da dominação militar, política e ideológica: "Nós compartilhamos uma infância de guerra, uma adolescência de guerra, uma juventude de guerra, seguindo uma paternidade de guerra. As emoções profundas, próprias da nossa geração, nos deram um corpo de violência e de morte. Suas páginas emanam dos seus ossos, suas ideias do seu sangue; no senhor, a teoria jorra da carne". Mas diante desse passado trágico, Serres lembra três boas notícias, a "*vraie nouvelle*", que se tornam momentos decisivos na história humana: a primeira vem de Abraão, quando o anjo de Iahweh o impediu de sacrificar Isaac, seu único filho; a segunda, a Paixão de Cristo que revela a inocência da vítima, o horror de todo sacrifício; a terceira vem do próprio Girard, que uma vez mais revelou os mecanismos de tudo isso aos nossos céticos olhos modernos, e dessa forma os inscreveu na longa história da revelação e na narrativa antissacrificial dos textos bíblicos.

É um momento fundamental no discurso de Serres. Contudo, duas outras partes ficarão na minha memória. A primeira é particularmente emocionante e inesperada: depois de lembrar a dívida intelectual que ele e Girard têm em relação à Simone Weil, Serres pessoalmente se dirige a Martha Girard no seu tributo: "A senhora encarna as virtudes que admiramos, há séculos, na cultura do seu país: a fidelidade, a constância e a força, o conselho, a correção de julgamento, a fineza na apreensão dos sentimentos do outro, a dedicação, a reação viva depois da prova, o dinamismo e a lucidez diante das coisas da vida". O segundo momento é quintessencialmente francês: das duas grandes ideias que se encontram na base da catedral teórica de Girard, o "desejo mimético" e "as origens sacrificiais da cultura", Serres sempre se interessou pela última, raramente insistiu na primeira, com suas implicações impalatáveis para a mente "romântica" e o individualismo moderno. Ao tentar suavizar suas arestas, com uma manobra popperiana, ele tenta "refutá-la" procurando exceções: em trinta anos de amizade, ele diz, "nunca tive nenhuma sombra de inveja nem de ressentimento em relação ao senhor, por mais admiração que tenha pelo senhor". Nos assentos à minha esquerda, um colega francês diz suavemente entre os dentes: "Não é verdade: ele é invejoso!".

A cerimônia termina com um longo aplauso, enquanto as pessoas saem, para ter um pouco de ar fresco, antes de se dirigirem rapidamente para um grande salão do Institut de France, onde bebidas são servidas. Outros conhecidos aparecem: Paul Dumouchel, Maria Stella Barberi e Bob Hammerton-Kelly, que, muito desapontados, acabavam de chegar, tinham perdido toda a cerimônia por causa de um atraso de seus voos. Um a um, tentamos nos espremer na multidão para ir cumprimentar Martha, que está muito feliz e alegre, acima de tudo por ter toda sua família presente, nessa ocasião. Mesmo assim cumprimentamos René Girard muito rapidamente: muitas pessoas o rodeiam e ele parece estar um tanto impressionado pelo evento. Entretanto, ele tinha um sorriso e palavras gentis para todos. Acabamos nossas bebidas e levamos nossos pensamentos sobre Girard e a teoria mimética conosco naquela noite. Apesar da visão vigorosa e majestosa do Sena, da fachada do Institut de France completamente iluminada no ar frio de Paris e de toda a pompa que deixamos para trás, para muitos de nós, creio, essa noite e essa experiência foram muito pessoais.

discurso de posse de René Girard

Para todo novo acadêmico, falar sob a Cúpula pela primeira vez implica um dilema temeroso. Os sentimentos que o dominam são intensos, mas tão banais que ele se pergunta se não seria melhor silenciá-los em vez de expressá-los. No meu caso, porém, o silêncio seria injusto para com a Academia. Minha dívida em relação a ela é excepcional. O primeiro dos meus livros que ela coroou também é o primeiro que publiquei.

A essa antiga consideração acrescentaram-se muitas outras ao longo da minha carreira e finalmente um prêmio magnífico da fundação Gal. E o prêmio mais magnífico de todos é, evidentemente, a minha eleição à Academia.

Posso dizer, sem exagero, que, durante meio século, a única instituição francesa que me convenceu de que eu não fora esquecido na França, no meu próprio país, enquanto pesquisador e pensador, foi a Academia Francesa.

Como toda carreira de acadêmico, a minha começa justamente hoje, com este discurso cuja tradição tanto sábia quanto venerável me dita o tema e inclusive, até certo ponto, a forma de tratá-lo. Vou fazer o elogio do meu predecessor imediato, o último que ocupou a cadeira com a qual me honraram os acadêmicos, elegendo-me.

Trata-se da trigésima sétima cadeira, tendo sido Bossuet o seu segundo titular,[1] e o último, o reverendo padre Ambroise-Marie Carré,[2] um dos dois únicos membros do clero regular jamais eleitos na Academia. Ambos eram célebres oradores que, em Notre-Dame, pregavam a quaresma com um enorme sucesso. Ambos eram dominicanos. O primeiro, o famoso Lacordaire,[3] restaurou sua ordem na França depois da Revolução.

O segundo foi o padre Ambroise-Marie Carré. Ele era um entusiasta tão grande da predicação que exerceu essa arte inclusive nos teatros, cassinos e cinemas, aos quais tinha acesso fácil graças à amizade de inúmeros artistas. Também é o autor de uma obra escrita, cujo papel foi crescendo na sua vida à medida que diminuía, com a idade, o papel da predicação oral.

O padre Carré publicou muitas obras edificantes, muitas obras de circunstância, muitos elogios fúnebres, muitos

---

[1] O primeiro titular foi Daniel Hay de Chastelet du Chambon (1635-1671), eclesiástico e matemático. Ele foi sucedido por Jacques-Bénigne Bossuet (1671-1704), padre, teólogo e historiador. (N. T.)
[2] O padre Carré nasceu em 1908 e faleceu em 2004. Ele ocupou a cadeira de número 37 de 1975 a 2004. (N. T.)
[3] Henri Lacordaire (1802-1861) restabeleceu a ordem dominicana após a Revolução Francesa. Ele ocupou a cadeira de número 18 da Academia Francesa de 1860 até sua morte, no ano seguinte. (N. T.)

prefácios, entre os quais devemos mencionar uma introdução aos *Escritos Espirituais* do cardeal de Richelieu.[4]

Mesmo nas suas obras mais mundanas, os quatro volumes do seu *Diário*,[5] o padre Carré praticamente nunca fala das questões políticas do seu século. Desde 1940, ele teve um papel glorioso na resistência ao ocupante nazista. Várias vezes, não foi preso por pouco. Para ele, o engajamento era natural e falava com mais facilidade das proezas dos outros do que das suas.

No campo religioso ele era também muito discreto. Bem antes do Vaticano II, é claro, ele escrevia a favor de certas reformas adotadas mais tarde pelo Concílio. Ao contrário de muitos eclesiásticos, ele não esperou que a Igreja enfraquecesse para criticar seu conservadorismo e sua burocracia. Assim que a instituição eclesiástica lhe pareceu ameaçada, em compensação, ele calou todas as suas reivindicações. Não havia nenhum oportunismo nele. Atacar pelas costas não era o seu forte.

Durante esses anos difíceis, praticamente só se ouviu falar do padre Carré através dos seus sermões e de sua intensa atividade pastoral. Essa discrição era tão rara na época que chamou a atenção dos católicos lúcidos, preocupados com o futuro de sua Igreja.

Com o tempo, a brancura de suas vestes se tornou emblemática de tudo o que o caos pós-conciliar dilapidava –

---

[4] Cardeal de Richelieu, *Ecrits Spirituels*. Paris, Editions du Cerf, 2000. (Coleção "Sagesses Chrétiennes")
[5] Ambroise-Marie Carré, *Journal*. Paris, Editions du Cerf, 1988-1997.

o significado do pecado, o engajamento sem volta, o amor do dogma católico, o desprezo das polêmicas vãs.

Para terem certeza de que essas virtudes não estavam mortas, os fiéis se voltavam para esse bloco imaculado de mármore branco, como os hebreus antigamente para a serpente de bronze.

Durante os anos turbulentos, o padre deu provas de uma dignidade exemplar. O que o desviava da agitação pós-conciliar era, primeiramente, creio, seu sentido de fidelidade. Era também a intensidade das suas atividades pastorais. Durante toda a vida, ele dedicou bastante tempo aos enfermos e moribundos, particularmente no meio dos atores e dos artistas de quem foi o primeiro capelão oficial. Seus inúmeros amigos pediam incessantemente os seus conselhos, e muitas pessoas também que mal o conheciam e que, instintivamente, confiavam nele.

A primeira causa da sua discrição era, creio, uma forte dose de indiferença. Não pelas pessoas envolvidas, mas pelas atividades confusas às quais, durante a segunda metade do século XX, todo um clero se entregou com uma paixão que o recuo do tempo torna misteriosa. Na época em que todos os ambiciosos colocavam uma maiúscula na palavra "contestação", a futilidade daquilo que esse termo abarca sempre lhe pareceu evidente.

Sua discrição nem sempre impedia o padre Carré de chamar a atenção dos seus leitores para expressões características da perturbação na igreja, aliás, com mais humor do que maldade. Várias vezes, por exemplo, ele se perguntou sobre a expressão "em busca", muito utilizada na época pelos padres que hesitavam indefinidamente entre a Igreja e o mundo.

Ele chegou a mostrar aos seus leitores erros de gosto e até de linguagem que, no rastro do Concílio, a Igreja multiplicava. A título de exemplo, recordemos o que anotou no seu *Diário* no dia 25 de maio de 1996:

> "João Paulo II reza o rosário em francês": esse é o título de uma fita em que o papa recita o Pai-Nosso e a Ave-Maria com uma voz forte e clara. (...) "Perdoai as nossas ofensas, assim como nós perdoamos a quem que nos tem ofendido."
> O papa não mantém a fórmula atual: "(...) como nós perdoamos *também* a quem nos tem ofendido". Esse *também* não me agrada. A partir de agora, vou suprimi-lo com alegria nas minhas preces pessoais.

Na atmosfera de ódio e revolta desencadeada pelo Concílio, a Igreja acrescentara esse "também" a uma frase antigamente magnífica do Pai-Nosso. Um cheiro forte de "religiosamente correto" emana da nova tradução. Sua redundância pastosa enfraquece o que ela pretende ressaltar, a reciprocidade do perdão, perfeitamente expressa na antiga tradução. Destruir a harmonia de uma frase não é um bom meio de reforçar o seu significado. O padre Carré tem razão: "Esse *também* não me agrada".

O padre era muito disciplinado para desobedecer aos seus superiores hierárquicos. Desde a reforma do Pai-Nosso, mesmo nas suas preces pessoais, ele repetiu corajosamente o advérbio regulamentar até o bendito dia em que ele ouviu o próprio papa pronunciar uma série de Pais-Nossos livres do seu "também". O papa não é a autoridade suprema em matéria de liturgia? Não é a partir dele que um modesto padre deve se moldar, pelo menos nas suas preces pessoais?

A Igreja francesa às vezes precisa do papa, já se sabia, para corrigir erros de doutrina. O que não se sabia, e o padre Carré nos ensina isso, é que ela precisa do papa também, mesmo polonês, para corrigir seus erros de francês.

*

O padre Carré não abusava desse tipo de sátira. Ele tinha outras preocupações. E o mais importante a seu ver era o drama espiritual que o acompanhou durante toda a vida.

Suas confidências a esse respeito são pouco numerosas, fragmentárias, nem sempre fáceis de serem interpretadas. O padre nunca fez um relato completo nesse sentido. É o que vou tentar fazer agora.

O texto mais importante, acredito, em termos do que nos interessa, só tem umas vinte páginas. Encontra-se no início de uma obra intitulada *Chaque Jour Je Commence* [A Cada Dia Eu Começo],[6] publicado em 1975. Ele descreve uma experiência muito extraordinária que ocorreu,

---

[6] Ambroise-Marie Carré, *Chaque Jour Je Commence*. Paris, Editions du Cerf, 1993. (Coleção"Foi Vivante")

segundo o autor, aos quatorze anos, mais de meio século antes do relato que vou ler para vocês.

Depois de algumas palavras afetuosas, porém rápidas, sobre a família, o padre anuncia que as lembranças da infância não lhe interessavam. Todos os seus familiares passarão despercebidos, exceto um, e esse é tão importante que ele o descreve com riqueza de detalhes. Eis a descrição:

> [Essa lembrança] me acompanha como uma presença ao mesmo tempo doce e exaltante. Ela me acompanhará até o último momento. Basta um olhar para reacendê-la, um olhar em direção a essa janela da casa onde, em Neuilly, a minha família morava. Que idade eu tinha? Quatorze anos, creio. Uma noite, no pequeno cômodo que usava como quarto, senti com uma força incrível, não dando lugar a nenhuma hesitação, que eu era amado por Deus e que a vida, (...) ali diante de mim, era um dom maravilhoso. Sufocado de felicidade, caí de joelhos.

Mesmo com meio século de distância, o padre Carré não pode falar dessa noite sem despertar nele a emoção da experiência original. Em geral, em tudo o que chamamos de "lembrança", os vestígios do evento relembrado são apenas suficientes para impedir o esquecimento. Aqui, entretanto, são tão profundos que a palavra "lembrança", ao refletirmos, parece inadequada. Imediatamente depois da passagem que acabo de ler, o padre volta para a experiência de Neuilly e, sem anunciar sua própria meia-volta, ele a definiu como "o contrário de uma lembrança": "Um começo absoluto (ou o que mais se aproxima disso): eis aqui como se caracteriza para mim, com mais de cinquenta anos de distância, o único evento que trouxe prova para a minha fé, também o evento que me trouxe uma alegria que nenhuma outra alegria conseguiu depois ultrapassar".

Nas páginas seguintes, o padre evoca sua educação superior, seus estudos no seminário, mas sem nunca perder de vista sua experiência de Neuilly. Ele a vê como responsável por tudo o que aconteceu de bom para ele na sua juventude. Foi uma experiência, ele escreve, que lhe permitiu apreciar o ensino dessas glórias dominicanas que foram os padres Chenu[7] e Sertillanges.[8] O positivo na sua existência é o rastro luminoso atrás do cometa que uma noite iluminou o céu da sua infância:

> Evoquei com frequência (...) o instante milagroso em que uma vida toma consciência da realidade de Deus e da sua ligação com Ele, na época em que, mais tarde, sob os auspícios do padre Chenu, eu estudava com encanto a

---

[7] Marie-Dominique Chenu (1895-1990) foi um destacado teólogo dominicano, inspirador do movimento neotomista. Foi um dos especialistas em teologia no Concílio Vaticano II. (N. T.)
[8] Antonin-Dalmace Sertillanges (1863-1948), filósofo e teólogo, um dos maiores expoentes do neotomismo. Em português, ver *A Vida Intelectual – Seu Espírito, Suas Condições, Seus Métodos*. Trad. Lília Ledon da Silva. São Paulo, Editora É, 2010. (N. T.)

teologia dos padres gregos. A encarnação de Cristo é para eles como uma recriação da humanidade. Sim, eu fora recriado naquela noite.

Nessa mesma experiência de "recriação", o padre Carré liga o interesse que, quarenta anos mais tarde, o aproximou do padre Teilhard de Chardin. Toda a agitação criada ao redor dessa obra era frequentemente motivada pelo desejo de fazer dela uma arma contra a ortodoxia. Sem prestar atenção nessas manobras, o padre Carré vai direto no que, na obra de Teilhard o faz lembrar sua experiência de Neuilly:

> "Cada indivíduo é criado ao longo da vida": essa frase caiu sob os meus olhos, há três ou quatro anos em Washington. As cartas do padre Teilhard – que eu lia com avidez entre dois sermões de Semana Santa para a comunidade francófona – tinham um efeito sobre mim como algo revelador. O estranhamento, o silêncio da manhã, favoreciam tanto esse desvendamento quanto esse estado estranho que sempre senti antes de pregar, [e] ao qual vêm se mesclar a inquietação, a necessidade quase visceral de ir o mais rápido possível ao lugar da palavra e ao mesmo tempo (...) um estado febril inegável...

Em suma, o padre acabou ligando ao evento de Neuilly, tudo o que o apaixonou em sua existência, inclusive a eloquência religiosa. Para ele, a arte oratória foi uma grande causa de "febrilidade". Esse último termo designa um estado mental muito distante da "presença doce e exaltante" que emana de Neuilly – inseparável, porém, dessa grande experiência, enraizada num esforço desajeitado para aproveitá-la, para lhe dar continuidade.

Como definir o que aconteceu naquele quartinho de Neuilly? Há uma resposta evidente e alguns de vocês, certamente, já pensaram nisso: "uma experiência mística". Muitas pessoas desconfiam dessa expressão que, para eles, não tem nenhum significado preciso. Entretanto, os traços principais desse enigma são bem desenhados, em particular na descrição que o padre Carré oferece, justamente a que acabo de ler para vocês.

Um primeiro traço é o caráter passivo, involuntário da experiência mística. Nenhum aviso a antecede e não requer nenhum esforço. Um segundo traço é a alegria, "que nenhuma outra alegria conseguiu depois ultrapassar". Um terceiro traço é a eternidade que ela dá, inseparável do seu poder infinito de renovação, de sua extraordinária fecundidade. O último traço resume todos os outros e é a intuição de uma presença divina.

Para aqueles que se afastam da experiência mística, sua "imprecisão" não passa de um pretexto: a verdadeira razão são as controvérsias que essa noção inevitavelmente suscita. Para os incrédulos firmes na sua postura, trata-se evidentemente de uma ilusão ou de uma impostura. Sem excluir essas possibilidades, os crentes acrescentam uma outra: a experiência mística pode ser real, autêntica. Ela é, portanto, a pérola de grande valor de que fala o Evangelho, tão preciosa que se deve sacrificar tudo na sua aquisição.

O futuro padre Carré não hesita mais. Ele decidiu se tornar missionário em terras pagãs, com a "palma do martírio" como única perspectiva. Os padres do seu colégio, Sainte-Croix de Neuilly, tentaram acalmar essa exaltação. Foi nesse momento então que o adolescente se dirigiu para a ordem dominicana.

*

Sendo a experiência mística uma fonte de felicidade que não se cala nunca, transcendendo o tempo, o padre Carré em princípio teria desfrutado durante toda a sua vida da fé radiante que o rumor público lhe atribui. Um exame atento dos seus escritos não atesta essa suposição. O padre se queixa com bastante frequência do silêncio de Deus e do desespero que sente em decorrência disso. Depois de Neuilly, as "consolações místicas" – é a expressão consagrada – praticamente sempre lhe faltaram.

Devemos pensar que, em *Chaque Jour Je Commence*, o padre tornou as suas lembranças belas? Não creio. Ele me parece incapaz de mentir ou de exagerar.

Para compreender a crise intensa e durável que seguiu o fervor dos primeiros anos depois de Neuilly, é preciso, antes de tudo, pensar na precocidade extraordinária dessa experiência.

Sem dúvida, o padre viu primeiramente em Neuilly a coisa mais importante da sua vida, um ápice que já não se pode ultrapassar. À medida que o tempo passava, entretanto, ele se acostumava com sua felicidade. E aos poucos, ele a reduziu a um simples ponto de partida numa concepção dinâmica do seu futuro religioso.

Para definir a ambição que o levava além de Neuilly, o padre fala com frequência da sua "vocação de santidade". Para ele, como para muitos aspirantes à vida mística, a palavra "santidade" implica muito mais do que um contato único com Deus, toda uma série de contatos, cada um mais intenso e prolongado do que o anterior. Todas essas experiências místicas irão cadenciar as etapas da vida, para enfim terminar na eternidade, objetivo último do processo de santificação. Esse projeto, por mais nobre que seja, reduzia a experiência de Neuilly ao papel de primeiro degrau, o mais baixo, de uma escada voltada para o céu...

Esse projeto reflete uma ambição mística tipicamente ocidental e moderna. Não está livre de "febrilidade", no sentido que o padre Carré dá a esse termo. Nós, os ocidentais, nunca nos contentamos com o que o Céu nos manda, todos sonhamos com conquistas inéditas e aventuras inigualáveis...

Que moço ou moça no nosso mundo, estando numa situação análoga à do padre Carré, acreditando no que ele acreditava, não teria reagido de forma parecida? Como tantos outros aspirantes modernos à santidade, o padre Carré tinha como modelos aqueles que nossa sociedade admira, os homens de ação, os "realizadores", os "empreendedores", no sentido quase americano da livre iniciativa.

O que confere ao mundo moderno uma vantagem imensa no campo prático, seu ativismo, voluntarismo, sua paixão rivalizadora, tem um desfecho sem dúvida desvantajoso em termos místicos. Nós, os ocidentais, praticamente não hesitamos em tomar iniciativas em campos que, em princípio, só cabem a Deus. Não fiquemos espantados se os resultados não correspondem sempre à nossa expectativa.

À medida que os anos passavam, o padre esperava, sempre com mais impaciência, novas experiência místicas que nunca vinham. Em *Chaque Jour Je Commence*, uma frase que já citei sugere claramente a amargura dessa decepção. Em 1975, o pai Carré define Neuilly como "a única coisa que deu evidência à [sua] fé". Quer dizer que nada comparável com Neuilly viera, até aquela data, satisfazer uma sede de divino que se tornou inextinguível pela própria força da experiência que a suscitara. O padre Carré viveu essa situação tanto como fracasso pessoal, quanto como carência até mesmo de Deus.

Os efeitos dessa seca espiritual, agravados pelo tempo, vinham se acrescentar aos desastres no mundo e às desordens na Igreja para minar a confiança do padre Carré na bondade e, às vezes, até mesmo na existência de Deus: "Eu não posso falar abertamente", ele escreve, "porque minha fé parece tão certa, tão contagiosa – segundo o que se diz – que eu escandalizaria o meu próximo". Não é difícil encontrar textos em que as dúvidas do padre Carré são expressas sem o menor equívoco: "Senhor, (...) se Tu existes, devolve-me minhas certezas. E se, contudo, me deixas nas trevas, dá-me a íntima convicção de que este momento de desamparo tem a sua utilidade".

Por mais espantosas que pareçam no contexto de Neuilly, essas queixas podem ser facilmente ligadas, de forma indireta, a essa experiência. Nada de mais comum, nos místicos, do que as crises chamadas de "seca" ou de "aridez".

Quanto mais nos familiarizamos com o padre Carré, mais percebemos que toda a reflexão filosófica e até teológica está subordinada, para ele, ao desejo de contato pessoal com Deus. Esse desejo, durante muito tempo insatisfeito, se transforma às vezes numa espécie de revolta que nunca se converte, entretanto, no niilismo anticristão espalhado em todas as partes na nossa época.

Devemos ver, parece-me, no padre Carré, não um escritor religioso como tantos outros, ou mesmo um *pensador* místico, mas, de forma mais radical, um místico no sentido mais concreto. O fato de ter tido, para começar, uma experiência excepcional o tornou, depois, um místico em geral frustrado e desmotivado.

Do nosso ponto de vista, o interesse dessa hipótese – pois se trata de uma hipótese – é o esclarecimento que dá à obra do padre Carré. Ela esclarece diretamente sua predileção pelos santos e santas que sofreram crises semelhantes às suas. Santa Teresa de Lisieux é o exemplo evocado com mais frequência:

> Fico surpreso de ver tantos cristãos que ainda ignoram que a fé de Teresa foi laboriosa, atravessada por tempestades. Ela só permaneceu fiel graças ao seu heroísmo. Ela temia blasfemar ao contar

o que foi a sua prova, dando eco às
vozes das trevas que, durante meses, se
manifestaram no seu coração. (...) Pois
bem, ela aguentou bem, por amor a
Cristo e por amor aos pecadores.

O padre se interessa também por personagens do próprio entorno de Jesus. Ele atribui a eles uma fé "difícil" ou "laboriosa". Esses dois adjetivos voltam com frequência para qualificar a sua própria fé.

Nesse contexto, o apóstolo Tomás é uma escolha clássica, é claro. A da Virgem Maria, em contrapartida, espanta por sua audácia. Aqui temos um texto característico:

[A Virgem Maria] foi meu apoio principal nos momentos de dúvida. Pois a fé sempre foi difícil para mim.

Nós subestimamos o impacto que Maria recebeu no dia da Anunciação. (...) a última palavra dita, Maria está diante do desconhecido. Aqui começa o tempo da fé difícil.

*

A precocidade extrema de Neuilly inspira no padre Carré, como disse, reações ambíguas. O orgulho da criança prodígio que encontrou Deus aos quatorze anos vem acompanhado também de uma certa humilhação devido à ideia de que nada de tão extraordinário nunca interrompeu, depois, a rotina das observações religiosas.

Durante muito tempo, o padre teve medo, creio, de ser visto como pueril, "imaturo", como dizem de forma tão feia os psicólogos contemporâneos. Ele esquecia que, no nosso mundo, os últimos místicos são crianças. Ele esquecia as palavras divinas sobre a infância em geral: "Eu te louvo, ó Pai, Senhor do céu e da terra, porque ocultaste estas coisas aos sábios e doutores e as revelaste aos pequeninos" (Mateus 11,25).

Para compreender esse tipo de esquecimento, num cristão tão informado quanto o padre Carré, é preciso considerar as pressões que existiam sobre ele, num mundo cada vez mais sem Deus, um mundo do qual cada vez menos crianças escapam hoje.

Este é o relato de uma conversa entre o padre Carré e os combatentes juvenis da mais ridícula das nossas guerras, aquela que nunca aconteceu, e sua falta de sentido se dissimula pudicamente por trás de uma fórmula estereotipada, "os eventos de Maio de 68":

> eu havia aceitado me entregar ao interrogatório de setenta ou oitenta estudantes de direito. Sem nenhum respeito, é claro, com uma indiscrição que fazia parte das regras do jogo, eles me viraram pelo avesso. O ponto crucial era a justificação da minha fidelidade. Em que medida ela é comandada pelo meu passado? Hoje não sou prisioneiro de velhos hábitos? O chamado de antigamente (oriundo do Senhor ou da minha imaginação) ainda explica cotidianamente

a minha vida, ou então só é o seu eco, muito enfraquecido, às vezes imperceptível, derrisório de qualquer forma, que ouço sem querer admitir?

O padre Carré evidentemente cometera a imprudência de confiar o grande segredo do seu 14º ano àqueles jovens que eram ainda mais conformistas do que ferozes, mas no estilo exigido por sua época. Para eles não havia nada de mais escandaloso do que aquele velho apegado a um velho sonho de santidade. Era a época em que nada era mais desprezível do que a constância e a continuidade. Somente as "rupturas epistemológicas" eram tidas como estimáveis. O padre Carré encarnava perfeitamente o que aqueles jovens chamavam de "simplório".

O frágil idoso finge ser esmagado, aniquilado pelo linchamento espiritual ao qual se expôs irracionalmente. Mas há humor, creio, nesse medo que ele finge sentir.

Os jovens de 1968 se consideravam capazes de "desconstruir" a sua vítima de um ponto de vista maoísta. De fato, eles é que foram silenciosamente desconstruídos. O padre sabia muito bem que seus perseguidores não eram mais chineses do que ele. Muitas vezes eles vinham de Neuilly, como ele, ou talvez do *XVIe arrondissement*.[9]

Esses ignorantes atribuíam as ideias do padre à sua educação religiosa, ou seja, "burguesa", sem se lembrarem que

---

[9] Subdivisão administrativa da cidade de Paris onde vive em geral uma população economicamente privilegiada. (N. T.)

eles mesmos saíam do mesmo meio e, com pouca diferença, eles tinham tido a mesma educação, a dos colégios e liceus mais requintados da região parisiense. Seu maoísmo não passava de um subproduto muito temporário e banal de uma decadência cultural mais avançada, bem menos interessante do que a sede mística do padre Carré. Longe de dominar a comédia social do momento, os jovens de 1968 eram os seus protagonistas mais mistificados.

O padre Carré adivinhava sem dificuldade que depois de terem se permitido a sua pequena revolução cultural, livre de qualquer risco para suas pessoas preciosas, esses revolucionários de papelão se lançariam alegremente nas brilhantes carreiras às quais a sua condição burguesa os destinava, depois que suas criancices acabassem. Mesmo hoje, muitos deles ainda estão instalados nos conselhos de administração de nossas grandes questões capitalistas ou do Estado. Preparam-se para ter uma aposentadoria confortável.

O padre Carré tem uma visão mais ampla do que aqueles que o viraram pelo avesso. Ele deve sua lucidez não às suas próprias forças, mas a essa experiência, que os seus interlocutores veem como o obscurantismo mais profundo. É ela, no fundo, que sempre o protegeu, não somente da futilidade contestadora, mas de todos os fantasmas intelectuais aos quais tantos jovens e não tão jovens privilegiados ao seu redor não paravam de sucumbir – o nietzschianismo, o althusserismo, etc.

Nas últimas páginas autobiográficas de *Chaque Jour Je Commence,* o padre Carré se entrega a uma autocrítica severa, porém de forma alguma desesperada. Ele se

assemelha ao grande símbolo da tepidez religiosa no
Apocalipse de São João, a Igreja de Laodiceia:

> Conheço tua conduta: não és frio nem
> quente. Oxalá fosses frio ou quente!
> Assim, porque és morno, nem frio
> nem quente, estou para te vomitar de
> minha boca. (...) *repreendo e corrijo
> todos os que amo.* Recobra, pois, o fervor e converte-te!

O padre reconhece ter perdido o fervor da sua juventude, mas, da mesma forma que Laodiceia, ele nunca perdeu totalmente a fé, e é convidado a reconquistá-la. Seu caso não é verdadeiramente desesperado; a conclusão confirma isso: "É triste, mesmo que seja admirável só saber se apegar!".

A que o padre Carré se apegou durante toda a sua vida, "tristemente", sem dúvida, mas "admiravelmente"? À "única coisa que deu certeza à [sua] fé", à experiência de Neuilly. Em vez de se comportar como criança mimada e sempre exigir mais, como um digno contemporâneo dos jovens de 1968, o padre Carré compreende que deveria cultivar modestamente, piedosamente, a graça da sua juventude. Não foi Deus que o fez mergulhar na incerteza, foi sua ambição excessiva.

Depois de meio século de espera sempre em vão, o padre Carré finalmente decidiu enfrentar a situação: desde seus quatorze anos, o ápice da sua vida religiosa sempre se situou não no futuro diante dele, mas no passado, na experiência de Neuilly. Pela primeira vez, ele buscou de fato retomar o evento extraordinário que, às vezes negativa, mas, sobretudo, positivamente, dominara toda sua existência.

Em primeiro lugar, foi sem muita esperança, creio, que o padre começou a atiçar as brasas de um fogo apagado, segundo ele, havia meio século. E de repente, o milagre dos velhos dias se renovava. Sob os seus olhos, a experiência de Neuilly se transformava numa bela adormecida que surgia, radiante, de uma longa noite obscura. Longe de ter desaparecido para sempre, a presença de antigamente ressuscitava, mais doce, mais exaltante do que nunca.

Para essa reavaliação positiva do passado, sempre em *Chaque Jour Je Commence,* o padre Carré busca testemunhas bem perto dele e as encontra, por exemplo, no romancista Julien Green, de quem cita uma frase de uma pertinência extraordinária: "A lembrança de uma graça passada pode ser uma nova graça".

Tanto para Julien Green como para o padre Carré, a palavra "graça" designa uma bondade espiritual, uma certeza que Deus dá do Seu amor. Essa palavra é um sinônimo mais discreto, afinal, da "experiência mística".

Para compreender o que motiva o chamado de Julien Green, é preciso retomar as duas definições de Neuilly que já encontramos em *Chaque Jour Je Commence*: a primeira fazia dessa experiência uma lembrança privilegiada; a segunda, um começo absoluto.

À luz de Julien Green, essas duas definições são uma só. Lembrar-se intensamente de uma experiência mística, mesmo antiga, é ressuscitá-la. Pouco importa de que forma se define o resultado. Lembrança muito intensa ou experiência inteiramente nova, a diferença tende a se apagar...

Citando Julien Green, o padre dá graças à sua experiência fundadora por muito tempo negligenciada. Ele reconhece sua fecundidade, durante muito tempo esterilizada por sua própria "febrilidade". Ele se vê agora como responsável por suas longas crises de aridez.

Por que exigir novas graças se a lembrança permite reanimar as novas? Para ficar mais convencido dessa verdade, o padre quer ouvi-la proclamada por uma outra boca diferente da sua. A palavra do outro tem mais prestígio do que a nossa: ela parece mais próxima do divino. Para continuar no bom caminho, o padre Carré se dirige não somente a Julien Green, mas a outros espíritos fraternos, por exemplo, Gabriel Marcel.

*

É uma volta à experiência infantil que se realiza, enfim, nos escritos tardios. O texto mais revelador também é, parece, o mais tardio de todos. É uma nova conclusão para a reedição de um livro sobre *La Sainteté*,[10] o mês da morte do padre Carré. É um balanço admirável de toda a vida religiosa do seu autor: "Começo os meus quatorze anos. O Senhor me encheu de graças. (...) visto que (...)

---

[10] Ambroise-Marie Carré, *La Sainteté*. Paris, Editions du Cerf, 2004. (Coleção "Epiphanie")

ele me conservou tanto tempo no doce reino da terra, sem dúvida para exercer (...) o ministério da velhice, que consiste na prece e na intercessão".

Longe de definir a existência neste mundo como um vale de lágrimas, o padre Carré celebra o "doce reino da terra". Nos seus períodos de "febrilidade", ele se criticou muito, creio, seu excesso de amor pelas coisas deste mundo. Agora, ele se perdoa por isso. A velhice foi, assim, o período mais feliz, juntamente com a infância. Seus colegas da Academia contribuíram muito para essa felicidade tardia. Nos seus últimos anos, tudo era pretexto para agradecer-lhes.

Durante as férias de verão, o padre Carré lamentava que a Academia ficasse fechada. Quando admiravam sua assiduidade ao trabalho acadêmico, ele respondia que não era o trabalho que ele lamentava, nem a própria Academia, eram os acadêmicos. Se estes gostavam muito dele, ele retribuía-lhes bem. Os acadêmicos são pessoas tão agradáveis, ele dizia, que depois de estar com eles, não se pode mais ficar sem sua amizade.

Só o leitor que ignora o vocabulário espiritual do padre Carré pode imaginar que sua grande experiência mística está ausente das linhas que acabo de ler.

Vejamos a segunda frase: "O Senhor me encheu de graças". O plural não deve nos enganar. Essa frase é uma alusão à experiência de Neuilly, única enquanto evento, infinita em suas consequências e seus prolongamentos. Durante os anos de seca e de aridez, o padre Carré acreditava que estava abandonado a ele mesmo. Na verdade, era ele que se desviava de Deus, tentando no seu voluntarismo moderno aproximar-se Dele por seus próprios esforços. Ele era o verdadeiro responsável pela infelicidade que achava que recaíra sobre ele. A afirmação segundo a qual o Senhor o "encheu de graças" só pode ser interpretada à luz da velha experiência mística infinitamente maior e mais fecunda do que nunca, depois de 84 anos de serviços bons e leais.

Os *ultima verba* do padre Carré resumem perfeitamente, parece-me, a história espiritual que tentei resumir. Para convencer-nos bem, leiamos até o fim o texto de que só citei as primeiras linhas:

> Eu estava relendo, ultimamente, minhas anotações da época da minha aposentadoria da ordenação. Minha necessidade de santidade está presente com um vigor que me atinge, no sentido literal da palavra. Tanta luz, certezas tão fortes que me faziam escrever: "Se eu não me tornar um santo, terei de fato traído". Não nego essas linhas escritas na idade de 24 anos... Mas agora tenho uma experiência adquirida ao longo do tempo, a do viajante que, numa estrada cansativa, confia cada vez menos nas suas forças e sabe que chegar ao fim não depende somente da sua vontade. Uma certa febrilidade do desejo hoje dá lugar à doçura da esperança. Santidade ou não? A questão não é mais essa. Só penso no amor de Deus.

Cada frase, aqui, e quase cada palavra ecoa nossas observações anteriores. O padre repudia nitidamente o que havia de orgulho despercebido no seu projeto de santidade. Quando ele dizia: "Se eu não me tornar um santo, terei de fato traído", ele estava montando uma armadilha na qual em seguida ele próprio ficou preso; porém, sua humildade final o liberou.

Neuilly foi afinal a ocasião, se não de uma queda, pelo menos de uma longa estagnação, não por causa de qualquer perversidade intrínseca, mas em função da utilização ingenuamente egoísta do padre Carré. Finalmente, ele compreendeu seu erro, e o texto que acabamos de ler é a prova disso. A exploração "febril" da experiência mística era praticamente inevitável, considerando a extrema juventude de seu beneficiário...

Em vez de fazer de Deus um Everest a ser escalado, o último padre Carré vê Nele um refúgio. Não é um humanismo cético que se expressa aqui, mas um abandono à misericórdia divina. Sem negar suas experiências místicas, o padre admite ser incapaz de realizá-las através dos seus próprios meios.

Não sou eu, evidentemente, que faço essas críticas, é o próprio padre Carré. Adoto em relação a ele a perspectiva do seu último texto, o mais profundo; na verdade, poderíamos comentá-lo indefinidamente.

Em princípio, é como se o padre Carré trocasse o certo pelo duvidoso; felizmente para ele, a "presença doce e exaltante" nunca o abandonou. Ela sempre esteve presente, silenciosa, ao seu lado, sobrevivendo a todos os desgastes, cansaços e abandonos.

Ao usar o pretexto de que a insatisfação e a aridez tiveram um papel na vida religiosa do padre Carré, deve-se evitar ver nele um místico fracassado, um místico frustrado. Antes de tudo, ele foi um místico muito rapidamente realizado. Por isso mesmo, durante muito tempo ele foi um místico frustrado, vítima do que ele chamava de sua "febrilidade".

Sua avidez juvenil pedia uma lição e ela lhe foi dada. Pelo que acabamos de ler, essa lição foi compreendida e assimilada com grande humildade.

Apesar das aparências, não se pode sonhar ter um destino melhor do que esse, e não desejo nenhum outro àqueles que me ouvem, sem esquecer de mim mesmo.

Para mim, que nunca conheci o padre Carré, é uma verdadeira prova falar dele para tantas pessoas aqui que o conheciam e que nunca deixarão de amá-lo. Espero não tê-los decepcionado muito e meus votos serão satisfeitos se, para alguns dos senhores, pelo menos, transmiti o desejo de ir mais longe do que eu não soube fazer na exploração das obras místicas do reverendo padre Ambroise-Marie Carré.

discurso de recepção de Michel Serres

Pedaços de carne cheios de sangue e membros horríveis
Pelos quais cachorros brigavam entre si para devorá-los.[1]

De onde vêm esses latidos que chegam até aqui? Reconhecemos, da mesma forma, no relato de Teramena, os cavalos furiosos que arrastam o cadáver de Hipólito na praia, esquartejado? Quem são essas serpentes que assoviam por cima de vossas cabeças?

Obrigado, senhor, por nos ter feito ouvir, nesses latidos, relinchos, uivos de animais raivosos, nossas próprias vociferações; por ter desvendado, nessa matilha sangrenta, nesses animais embalados, nesse ninho de víboras, nesses animais atiçados, a violência abominável das nossas sociedades; por ter revelado, enfim, nesses corpos despedaçados, as vítimas inocentes dos linchamentos que perpetramos.

Extraído de Racine, esse bestiário hominídeo poderia ter fugido, furioso, da Antiguidade grega, em que mulheres

---

[1] Tradução literal dos versos de Racine em *Athalie* (1691, ato 2, cena 5): *"Des lambeaux pleins de sang et des membres affreux / Que des chiens dévorants se disputaient entre eux"*.

trácias esquartejam Orfeu, do Renascimento inglês ou do nosso século XVII clássico, em que cada tragédia traz em si mesma, cheia de imagens ou real, um vestígio inevitável dessa morte. As imprecações de Camille, em Corneille, reúnem contra Roma todos os povos que saem do fundo do universo, e em Shakespeare, os senadores, reunidos, enfiam seus punhais no peito de César. A origem da tragédia que, sem encontrá-la, Nietzsche procurou, o senhor a descobriu; ela jazia, em plena luz, na raiz helênica do próprio termo: τραγοσ significa, de fato, o "bode", esse bode expiatório que multidões prontas para a carnificina expulsam, carregando-o com os pecados do mundo, os seus próprios, que é o inverso da imagem do Cordeiro de Deus. Obrigado por ter iluminado a caixa-preta que escondemos entre nós.

Nós.

Nós, patrícios, no paul da Cabra, reunidos em círculos concêntricos ao redor do rei de Roma; nós, entre as trevas de uma tempestade atravessada por relâmpagos; nós, cortando Rômulo em pedaços, e quando ressurge a claridade, fugidio, vergonhoso, cada um de nós dissimula, na prega de sua toga, um membro do seu chefe decepado; nós, soldados romanos acotovelando-nos ao redor de Tarpeia, jogando nossos braceletes, nossos escudos sobre o corpo virginal da casta vestal; nós, apedrejadores da mulher adúltera; nós, perseguidores, jogando pedras no diácono Etienne, cuja agonia vê os céus abertos...

... nós, banindo ou elegendo um candidato inscrevendo seu nome em pedaços de argila, lembrança esquecida dessas pedras de lapidação; nós, designando um chefe

para nossos sufrágios, esquecendo que essa palavra
fractal significa ainda os mesmos fragmentos, jogados no
candidato eleito; com essas pedras assassinas, construímos nossas cidades, nossas casas, nossos monumentos,
nossa cúpula; nós, designando rei ou vítima, entre nossos
furores temporariamente canalizados por esse próprio
sufrágio; nós, seus colegas, que, dos nossos sufrágios, o
elegemos; nós, tranquilamente sentados ao seu redor, em
pé, discorrendo sobre nosso padre Carré, morto. Graças
ao senhor, vejo pela primeira vez o sentido arcaicamente
selvagem dessa cerimônia, os círculos concêntricos dos
assentos, fixos no chão, imobilizados, separados; ouço o
silêncio do público, acalmado pelo fascínio, ouvindo o
senhor, eleito, em pé; descubro também pela primeira vez
esta capela redonda ao redor do túmulo de Mazarin, os
dois feitos das pedras de uma lapidação fria, reproduzindo, como num modelo reduzido, as pirâmides do Egito,
resultado, estas também, sem dúvida entre as primeiras,
de uma longa lapidação, a do corpo do Faraó, assolado,
sob essa montanha. As instituições erguem necrópoles e
metrópoles a partir desse suplício primitivo? Nossa cúpula ainda se forma segundo esse ritual esquecido?

O que significa o sujeito que denominamos "vós" ou
"eu"? *Sub-jectus,* aquele que, deitado, jogado sob as
pedras, morre sob os escudos, sob os sufrágios, sob
nossas aclamações. E que liga abominável cola os coletivos nesse sujeito plural que denominamos "nós"?
Esse cimento é composto pela adição dos nossos ódios,
rivalidades, ressentimentos. Permanentemente renascida,
mãe mimética de si mesma, madrinha dos grupos, a violência, molécula da morte tão implacavelmente copiada,
imitada, retomada, reproduzida quanto as moléculas da

discurso de recepção de Michel Serres 47

vida, esse é o motor imóvel da história. Profunda lição de gramática elementar e de sociologia política: "o senhor" sob a caixa-preta das pedras, eis aqui o bode expiatório; "nós", na caixa-preta da noite, aí estão, sem que saibam, antigos perseguidores. Lição de antropologia e de hominização, retomarei o tema mais tarde.

De onde vem essa violência?

Observemos nossas vestes verdes. Por que um grupo se pavoneia assim de uniforme? Por que mulheres e homens seguem uma moda vestimentária, intelectual, de falar? Por que só desejamos ser vistos como singularidades excepcionais contanto que façamos como todo o mundo? Por que o chamado politicamente correto exerce tantas devastações na liberdade de pensamento? Por que é preciso tanta coragem para dizer aquilo que não se diz, pensar aquilo que não se pensa, fazer aquilo que não se faz? Por que a obediência voluntária funda os poderes? Por que nos prostramos diante das grandezas das instituições, de que a cerimônia de hoje oferece um exemplo tão perfeito?

O senhor descobriu também essa outra liga primeira, cuja aderência constitui uma boa parte da ligação social e pessoal: a mímica, cujos gestos e condutas, palavras, pensamentos nos aproximam dos nossos primos, os macacos, chimpanzés ou bonobos, em relação aos quais, *Aristóteles dixit,* nós os superamos na imitação. Quantas vezes, observando, num ministério, uma recepção oficial, ou, num hospital, a visita de um professor de medicina à cabeceira de um doente, não vi, com meus olhos, grandes antropoides entregando-se aos jogos derrisórios da hierarquia, em que o macho dominante se pavoneia diante dos dominados ou para suas fêmeas submissas? A imitação produz o padrão de dominância mais ou menos feroz que exercermos ou ao qual nos submetemos.

Antropológico e trágico, o modelo que o senhor sugere como reflexão, iluminando nossa experiência, parte da imitação e do desejo que decorre disso. Alguém gosta da mulher do seu amigo ou o amigo da sua mulher; uma outra pessoa inveja o lugar ocupado por um vizinho próximo; que criança não exclama "Eu também!" quando seu irmão ou irmã recebe um presente, e que adulto consegue deixar de ter a mesma reação? O estado de ser igual cria uma rivalidade que, por sua vez, nos transforma em gêmeos, voltando a atiçar ao mesmo tempo o ódio e a atração. Toda a gama de sentimentos violentos, de emoções básicas, aparentemente variada e viva, brota do caráter gemelar uniforme, porém produtivo. Desejamos o mesmo, o desejo nos torna iguais, o idêntico cria o desejo, que se reproduz, monótono, na dupla carta da Ternura e do Ódio, que o senhor desenha com o pincel da mímica.

Melhor ainda, esse mimetismo surge do corpo, do sistema nervoso que compreende esses neurônios-espelho, descobertos recentemente por neurocientistas italianos e sobre os quais, hoje sabemos, que são acionados tanto ao fazermos um gesto quanto ao vermos uma outra pessoa fazê-lo, como se a representação fosse equivalente ao ato. Dessa forma, a imitação se torna um dos formatos universais das nossas condutas. Imitamos, reproduzimos, repetimos. A imitação propaga e difunde o desejo individual e as culturas coletivas, como os genes do DNA reproduzem e disseminam a vida: estranho dinamismo do idêntico cujo automatismo redundante, imitado indefinidamente, se repete.

O senhor tocou num dos grandes segredos da cultura humana, em especial daquela que conhecemos hoje, cujos códigos invadem o mundo exponencialmente mais rápido do que aqueles da vida – três bilhões, oitocentos milhões para uma, alguns milênios apenas para a outra –, porque suas grandes revoluções – pedra talhada no Paleolítico, escritura na Antiguidade, imprensa no Renascimento, indústria e linha de montagem há alguns séculos, novas tecnologias, mais recentemente – todas inventaram, sem exceção, replicadores, códigos ou operações de codificação, e sua superabundância dominadora caracteriza nossa sociedade de comunicação e de publicidade. Esses replicadores, cuja semelhança excita e reproduz o mimetismo dos nossos desejos, parecem imitar, por sua vez, o processo de reprodução do DNA vivo.

Os objetos ao nosso redor, carros, aviões, aparelhos domésticos, roupas, anúncios, livros e computadores... todos propostos para nossos desejos; então como nomeá-los, a não ser como reproduções de um modelo, com minúsculas variações? O que dizer, também, do que a incultura das nossas elites chama de "gerenciamento", no caso das empresas particulares, ou da administração, no caso dos serviços públicos, a não ser que o terrível peso da sua organização tem como objetivo tornar homogênea e reproduzível qualquer atividade humana e dar, assim, o poder àqueles que não têm nenhuma prática particular nesse campo? O que dizer, então, das marcas, propagadas em todas as partes, cuja origem conhecemos: os vestígios de passos que deixavam ao caminhar, impressos na areia das praias, as prostitutas da Alexandria, revelando dessa forma seu nome e o trajeto para seu leito? Ao longo do seu caminho duplicado, não vemos novamente o desejo? Que presidente de uma grande marca, cuja réplica se vê em todas as partes hoje, sabe que é – se não o sabe, tenho o prazer de informá-lo – filho dessas prostitutas da Alexandria? Criamos um meio em que o próprio sucesso e a própria criação dependem agora mais da reprodução que do inimitável.

O perigo maior que correm nossos filhos é o seguinte: os filhos das prostitutas, a quem venho lembrar sua digna linhagem, nos mergulham no universo de códigos copiados; nós os esmagamos com redundâncias. A crise da sua educação é a seguinte: baseada naturalmente na imitação, a aprendizagem nos ensina a nos tornarmos inimitáveis. Estrondosos, a mídia, a publicidade, o comércio e os jogos repetem, ao contrário: "Imitem-nos, tornem-se os veículos automáticos da repetição das nossas marcas, para que seu corpo e seus gestos repetidos multipliquem, ao repeti-los, nossos sucessos comerciais. Tímida e praticamente sem voz diante desses potentados, a educação lhes diz: Não imitem ninguém a não ser vocês mesmos, tornem-se a sua liberdade. Tornada pedagógica, nossa sociedade tornou, portanto, a educação contraditória. A crise da criação é enfim a seguinte: num universo de replicadores, de modas e de códigos reprodutores – dentro de pouco tempo, de clones –, a obra inimitável fica escondida até a fundação de um novo mundo. Dessa maneira, o senhor nos revelou como o desejo pessoal e a cultura humana ampliam um dos segredos da vida, do nascimento, da natureza.

Cegos pela monotonia do mesmo, vemos mal a repetição. Compreendemos, por exemplo, como as técnicas, externas ao corpo, reproduzem, primeiramente, as funções simples dos nossos órgãos: o martelo bate como o punho; a roda gira como as articulações dos joelhos e dos tornozelos; o bebê mama na mamadeira como no seio... também imitam os sistemas: as máquinas de fogo imitam a termodinâmica do organismo; telescópios, microscópios imitam os sistemas sensoriais... também imitam certos tecidos: as redes ferroviárias, marítimas, aéreas, eletrônicas imitam o tecido nervoso... imitam, enfim, a própria imitação do DNA...?

Aqui temos outro mimetismo escondido: adequando-se ao corpo, as técnicas acabam entrando no seu segredo e se reproduzem à sua semelhança. Elas se reduzem a biotecnologias. Tendo saído do corpo, os aparelhos, bem nomeados, ressurgem nele hoje. Sua história conta como todos os objetos que fabricamos exploram os desempenhos da vida. Chamei isso de *exodarwinismo* das técnicas; graças ao senhor, compreendo que ele continua, que ele imita, culturalmente, o darwinismo natural. Eu o chamo agora de "novo Darwin das ciências humanas".

Desejo, com duas confissões, completar o quadro do mimetismo como o senhor o descreve: a primeira se refere às nossas psicologias. Se, por exercício ou necessidade, buscássemos, da forma mais leal possível, o que de fato desejamos, ou aqui e agora, ou globalmente para a nossa vida inteira, nós não entraríamos, por muito tempo, em outra caixa-preta, íntima, onde nos perderíamos, sem encontrar, nesse fundo sombrio de nós mesmos, o menor elemento de resposta para essa exigência, imediata ou ampla, de prazer ou de felicidade? Diante dessa inquietação induzida por essa perda, nós nos lançamos na imitação porque não podemos satisfazer, o mais rápido possível, um vazio tão angustiante.

Por outro lado, por mais difícil que seja a moral mais austera, ela não constitui, também, um substituto fácil para a mesma ausência? Evidência mais do que paradoxo: a árdua estrada da moral, como o caminho fácil da imitação, parece uma via de acesso mais accessível do que a busca inaccessível do prazer autêntico. Visto que não sei o que quero, é melhor então desejar o que os outros parecem querer ou o que normas ferozes me impõem.

Segunda confissão, mais lógica e ao mesmo tempo mais pessoal: diz Karl Popper, num determinado momento, que certas teorias, o marxismo e a psicanálise, por exemplo, pareçam nunca ter falhas. São teorias que têm sempre razão – mau sinal, pois, certo ou rigoroso, o saber é reconhecível por sempre conhecer lugares onde falha. Portanto, só há ciência falsificável. Pois bem, às vezes ouvimos dizer que seu modelo, muito universal, merece idêntica crítica. Não haveria, dizem, nenhuma exceção à sua teoria do duplo e da rivalidade mimética. Só poderíamos verificá-la; porém, repito, para que ela possa fazer parte da ciência, seria necessário falsificá-la.

Imediatamente, dedico-me à tarefa. Há quase trinta anos, desejando ser seu amigo, recebo do senhor marcas de reciprocidade amigável. Em público, nesta noite, posso jurar diante dos altares do mundo, e sem risco de perjúrio, que nunca tive nenhuma sombra de inveja nem de ressentimento em relação ao senhor, por mais admiração que tenha pelo senhor. Considere-me um monstro, sua réplica sem rivalidade, portanto falsificador do seu modelo; dessa forma, não podemos admiti-la na exatidão rigorosa do saber. O que há de mais agradável, o senhor há de convir, do que um verdadeiro amigo que faz papel de falso para poder demonstrar, falsificando-a, a verdade descrita por seu amigo?

E como se trata aqui do senhor e de mim, por que não admitir, entrando mais nas confidências, que, entretanto, eu o invejo num ponto? O senhor nasceu em Avignon, expressão que me induz, e aqui temos a exceção, à rivalidade mimética; pois, sendo oriundo também – sempre como sua réplica – de uma cidade cujo nome começa com a letra A, não me beneficio, como o senhor e alguns de nossos amigos que nasceram, por sorte, no Haiti, da preposição "em" cuja eufonia poupa seus compatriotas do hiato abominável que persegue quem morou em Agen.[2] Aqui fico ardendo nas chamas da inveja. Mas, se, ao favorecê-lo e punir-me, esse ponto de gramática nos separa, duas pontes, como é de se esperar, nos unem: enquanto o senhor dança na de Avignon, nós nos orgulhamos da nossa ponte-canal.

Praticamente gêmeos, nascemos, então, sob a mesma latitude, porém somente os parisienses, pessoas com ouvido não muito aguçado, acreditam que falamos, com o mesmo sotaque, uma mesma língua d'oc. Acreditando que a França se divide somente em norte e sul, eles não a

---

[2] Em francês, as cidades são precedidas pela preposição "à", porém com frequência usa-se a preposição "en" diante de Avignon. Diz-se, então, em francês, "*en Avignon*", porém "à *Agen*". (N. T.)

veem, como nós, também separada em leste e oeste: nós, os celtas, e até mesmo celtas iberos, e vocês, gauleses latinizados de Arles ou de Milão, prometidos ao Sacro Império Romano-Germânico; nós, atlânticos, voltados para um oceano aberto, vocês, continentais de um mar interior; nós, da barreira dos Pireneus, vocês do arco alpino; nós, da Aquitânia, da Gália ou da Bretanha, úmidos e suaves, vocês, mediterrâneos, ventosos, mordazes e secos; nós, bascos ou gascões, primos dos escoceses, irlandeses, portugueses; vocês, provençais, vizinhos rodanianos do Reno ou Pó; vocês, Zola, Daudet, Giono; nós, Montaigne; vocês, Cézanne; nós, Fauré.

Se o espaço nos separa, ele também nos uniu. No fim da última guerra, o senhor emigrou, aterrorizado, como eu, com as loucuras criminosas das nações europeias. Para melhor refletir sobre ela, sem dúvida o senhor interpunha, instintivamente, uma distância entre seu corpo e essa violência mortal. E da mesma forma que falo com uma certa emoção da França rural de antes da ruptura do conflito, o senhor fala com frequência com a mesma nostalgia dos Estados Unidos que conheceu na época, país, como o nosso, de cultura rural e cristã, antes de se americanizar. Buscando a paz, o senhor se tornava, entre os primeiros, o que nós devemos todos nos tornar agora: mestiços de cultura e cidadãos do mundo.

Só me junto ao senhor vinte anos depois. O senhor se lembra dos navios, dessas benditas travessias cuja duração não custava para o corpo nenhum fuso horário? Perdendo-o, ganhávamos tempo, sendo que agora nós perdemos tempo, acreditando que estamos ganhando, empilhados em aviões. Desse momento, compartilhei em parte o seu deambular de campus em campus e de leste a oeste. O senhor se lembra das nevascas de Buffalo, dos invernos em que quebrávamos o gelo na estrada em que os montes, acumulados pela neve dos Grandes Lagos, nos impediam às vezes de sair das nossas casas? O senhor se lembra dos outonos luminosos de Baltimore, do belo tempo do início do outono em que os tons vermelhos da folhagem enviam ao céu uma claridade que o seu azul não conhece? O senhor se lembra dos calores úmidos do Texas, das florestas da Carolina? Com que tristeza, com a chegada da velhice, tive que deixar de revê-lo, como há mais de vinte anos, na costa do Pacífico, entre a baía de São Francisco e o oceano?

Da mesma maneira que seu pensamento liga várias disciplinas, sua vida atravessou lentamente esse imenso continente. O senhor conhece o seu espaço, o senhor conhece, melhor do que ninguém, seus costumes, virtudes, excessos, grandeza, emoções, religiões, política e cultura. Dia após dia, eu aprendi sobre os Estados Unidos ouvindo o senhor e desejo com frequência que depois de Alexis de Tocqueville, cuja cadeira eu ocupo, o senhor escreva uma continuação, contemporânea e magnífica segundo o que ouvi, da *Democracia na América*. As lembranças da sua vida nos devem essa última obra.

O senhor atravessou o mar para fugir da violência; o senhor, principalmente, e eu, sua réplica na sombra, não digamos nada inutilmente, de fato. Desde 1936, nós dois tínhamos por volta de dez anos, nunca esquecerei essa lembrança: nós, os poucos filhos dos sobreviventes da Primeira Guerra Mundial, já recebíamos os refugiados da Espanha, vermelhos e brancos, gêmeos que fugiram das atrocidades de uma guerra civil que anunciava a retomada dos horrores vividos por nossos pais. O senhor se lembra, então, da sequência em cascata, o senhor se lembra dos refugiados do norte, motivados pela Blitzkrieg de 1939, o senhor se lembra dos bombardeios, dos campos da morte e do holocausto, das lutas civis entre resistentes e milicianos, da Liberação, alegre mas de ressentimento sangrento, o senhor se lembra de Hiroshima e de Nagasaki, catástrofes para a razão e para o mundo. Formada assim por essas atrocidades, nossa geração teve que, além disso, usar armas nas guerras coloniais, como na Argélia. Compartilhamos uma infância de guerra, uma adolescência de guerra, uma juventude de guerra, seguindo uma paternidade de guerra. As emoções profundas, próprias da nossa geração, nos deram um corpo de violência e de morte. Suas páginas emanam dos seus ossos, suas ideias do seu sangue; no senhor, a teoria jorra da carne. Esta é a razão pela qual, senhor, o senhor e eu, mesclada no nosso corpo de guerra, recebemos desde essa idade uma alma de paz.

Um dia os historiadores pedirão ao senhor que explique o inexplicável: essa formidável onda que envolveu nosso Ocidente durante o século XX, cuja violência sacrificou não somente milhões de jovens, durante a Primeira Guerra Mundial, em seguida dezenas de milhões na época da Segunda – de acordo com a única definição razoável da guerra e segundo a qual velhos sanguinários, dos dois lados de uma fronteira, entram em acordo para que os filhos de um grupo matem os filhos do outro, durante um sacrifício humano coletivo organizado, como os grandes sacerdotes de um culto infernal, por esses pais encolerizados que a história chama de "chefes de Estado" – e que, para coroar essas abominações com uma ponta de atrocidade, sacrificou não somente os seus filhos, mas, por uma inversão sem exemplo, sacrificou também seus ancestrais, os filhos dos nossos mais santos ancestrais, quero dizer, o povo religioso por excelência, o povo a quem o Ocidente deve, sob a figura de Abraão, a promessa de parar o sacrifício humano. Na fumaça atroz que saía dos campos da morte e que nos sufocou, assim como a atmosfera ocidental, o senhor nos ensinou a reconhecer aquela que saía dos sacrifícios humanos perpetrados pela selvageria politeísta da Antiguidade, aquela, simplesmente, cuja mensagem judaica, depois cristã, tentou desesperadamente nos liberar. Essas abominações ultrapassam demasiadamente as capacidades da explicação histórica; para tentar compreender esse incompreensível, é preciso uma antropologia trágica, tendo uma dimensão como a sua. Um dia compreenderemos que esse século expandiu para uma escala desumana e mundial o seu modelo societário e individual.

Novamente, de onde vem essa violência? Da imitação, o senhor nos dizia. O mesmo existe em abundância nos campos do desejo, do dinheiro, do poder e da glória, há pouco amor. Há tanta imitação quanto antigamente, no vazio, do mesmo modo em átomos, palavras ou letras, para a fundação do mundo.

Pois bem, quando todos desejam o mesmo, isso atiça a guerra de todos contra todos. Ainda não há nada a contar a não ser essa inveja detestável do mesmo que transforma seres idênticos e gêmeos em irmãos inimigos. Quase divinamente performativa, a inveja produz, diante dela, indefinidamente, suas próprias imagens, à sua semelhança. Os três Horácios se parecem com os Curiácios trigêmeos; os Montéquios imitam os Capuletos; São Jorge e São Miguel imitam o dragão; o eixo do bem age simetricamente, segundo a imagem, praticamente não invertida, do eixo do mal. Assim generalizado, cobrindo todo o espaço pela imitação, o conflito pode suprimir até o último dos guerreiros. Aterrorizados com essa possibilidade de erradicação da espécie pela própria espécie, todos os beligerantes se voltam, nessa crise, contra um só. Multidões de humanos matam o único humano, num gesto ainda mais repetitivo porque os assassinos não sabem o que fazem.

Até aqui, não temos nada a contar porque o relato, redundante, sempre repete a mesma ladainha, esse pesadelo monótono de imitação e de assassinato que em geral chamamos de "história". Não há nada a contar porque, cegos ou hipócritas, nós escondíamos, sob mil circunstâncias multicoloridas da história – o verbo "historiar" significa essa mistura enfeitada por blablablás –, essa uniformidade de uma mensagem sem nenhuma informação. Do caleidoscópio dos seus furores, dos seus disfarces de arlequim, a história cobre o seu vazio de informação, oriundo da monotonia imitada da violência.

Então, só nesse momento começa o relato: aquele que conta ao mesmo tempo o livro dos Juízes (9,34-40) e a tragédia grega e que posso enfim relatar. Se eu ganhar essa guerra, suplica Jefté, general do exército, oferecerei ao Senhor em holocausto a primeira pessoa que eu encontrar. Se os ventos se levantarem novamente para dirigir minhas velas para Troia, diz Agamemnon, almirante da frota, sacrificarei, nos altares de Netuno, o primeiro que vier na minha direção. Uma boa brisa enche as velas dos navios de guerra gregos, e esse pai, rei dos reis, vê se aproximar sua própria filha Ifigênia. O exército judeu esmaga os filhos de Amon e, dançando e tocando tambores para festejar a vitória, sai de sua casa, em Mispá, a própria filha de Jefté, correndo, alegre, na direção do seu pai triunfante, mas rasgando suas vestes. Nas planícies mornas das batalhas e brigas dos mesmos contra os mesmos, os dois desejando o mesmo, sem notícias e sem informação, sobem, então, e até o céu, a mensagem mais improvável, o cúmulo do horror e da crueldade. Os mais nobres dos pais se tornam os piores.

A vida, o tempo, as circunstâncias e a história fazem ao acaso essas primeiras aparições. O deus Baal e o Minotauro, escondido no labirinto de Creta, devoram os primogênitos dos nobres de Cartago ou de Atenas. Os filhos e as filhas, sempre as crianças. A vítima da violência parece ser selecionada ao acaso, mas a escolha sempre recai no mais jovem, no noviço... escondendo assim o segredo, que eu adivinhara, da guerra: o assassinato da descendência, cuja organização, por esses pais desleais, se esconde no acaso.

Nessa segunda monotonia do sacrifício humano, agora sempre retomado, a primeira notícia verdadeira veio de Abraão, nosso ancestral, pelo menos adotivo, que, chamado pelo anjo do Senhor (Gênesis 22,10-13), parou sua mão no momento em que ia degolar Isaac, seu filho. Isso mostra, melhor ainda, que Agamemnon e Jefté haviam sacrificado sua filha voluntariamente e escondiam essa abominação com o pretexto do acaso e do primeiro que aparecesse, como outros, aliás, a dissimulavam à noite, numa tempestade. A piedade monoteísta consiste, há pouco tempo, na eliminação do sacrifício humano, substituído pela vicariedade de uma vítima animal. A explosão de violência bifurca e, misericordiosamente, poupa a criança. Aliás, para reforçar sua ideia sobre a domesticação dos animais, o senhor havia observado o enredamento dos chifres do carneiro no matagal? Ficar assim preso quer dizer que o animal já havia deixado a selvageria?

A segunda veio da Paixão de Jesus Cristo; na agonia, ele disse: Pai, perdoai pois não sabem o que fazem. Aqui, a boa nova é sobre a inocência da vítima, o horror do sacrifício e a visão dos carrascos cegos. A terceira vem do senhor, que desvenda essa verdade que não se mostrava para nós nem para eles.

Menos conhecida hoje, embora ensurdecedora, a quarta exigiria longos desenvolvimentos. Através do que é impresso, pela palavra e por imagens, a mídia de hoje retoma o sacrifício humano, ela o representa e multiplica com um frenesi tal que essas repetições cobrem nossa civilização de barbárie melancólica e fazem com que passe por uma imensa regressão em termos de hominização. As mais avançadas tecnologias fazem recuar nossas culturas para as eras arcaicas do politeísmo sacrificial.

O senhor também diz que a revelação do mecanismo vitimário abusou do seu remédio. Certamente, não dispomos mais de rituais para matar homens. Salvo nas nossas telas, todos os dias; salvo nas nossas estradas, com frequência; salvo nos nossos estádios e ringues de boxe, às vezes. Porém, refletindo a respeito, creio que a lei soberana que nos fez passar do assassinato à carnificina,

essa lei, que transfere nosso furor da vítima humana
à vítima animal, nossa violência não a transfere, hoje,
para esses objetos que provêm, justamente, dos nossos
corpos, por um processo copiado do seu mimetismo? Há
algumas semanas, conhecemos na França, pela segunda
vez, revoltas sem mortos, violências desencadeadas sem
vítimas humanas. Nós vimos, nós, velhos, testemunhas
dos horrores da guerra e para quem a guerra mostrou,
contra a mensagem de Abraão e de Jesus, Joana d'Arc na
fogueira ou Giordano Bruno; não vimos os insurgidos em
questão botar fogo, por mimetismo, nos carros; observamos a polícia, parada diante deles, poupar também vidas
humanas? Vejo aqui uma continuação infalível da sua
antropologia, em que a violência coletiva passou, antes,
do homem para o animal e, agora, do animal, ausente das
nossas cidades, para objetos técnicos. Nessas revoltas fumegam, por assim dizer, cavalos-vapor (*chevaux-vapour*).

Como uma aparição, o sacrificial não para de nos perseguir. Por quê? Quando éramos crianças, aprendíamos na
escola que Zeus, Ártemis e Apolo povoavam o panteão
das religiões antigas. Falsas, essas denominações fazem
esquecer que, para os homens da Antiguidade, existiam
somente as divindades específicas das cidades. Coberta de
seios, a Ártemis de Éfeso era diferente da amazona caçadora de outra cidade; Apolo reinava em Delfos e Atena
na comunidade exclusiva dos atenienses; esses nomes
próprios unificavam um coletivo local.

Esses ancestrais acreditavam nas deidades assim chamadas? Não. Nenhum verbo, na sua língua, designava
uma fé. Acreditavam nelas, sem dúvida, porém somente
como alguns, inclusive eu, participam às vezes com ardor

das aventuras do seu time regional ou nacional de rúgbi, como um cidadão confessa sua confiança na República. Essa confiança é dominada pela sensação de pertencimento. À sombra do Partenon, Atena simboliza um território epônimo como um time de futebol ou de outros partidos designam outros lugares. Às vezes, agita-se um estandarte sangrento diante de soldados ferozes, cujas palavras racistas ainda expressam o sangue impuro. Dessa noção de pertencimento decorre todo o mal do mundo. Conflitos perpétuos entre cidades e impérios erradicaram Grécia, Egito e Roma e, em três guerras sucessivas, os nacionalismos do Ocidente quase se suicidaram. Felizmente, nossa geração inventou uma Europa que, pela primeira vez na história ocidental, vive em paz há sessenta anos. Seu politeísmo assassino do sagrado, eu o generalizo em religiões belicosas e militantes da noção de pertencimento. A fé as abandona, desgastadas.

Os politeísmos e mitos associados dão coesão aos coletivos com uma eficácia sangrenta, porém essa solução, sempre temporária – devendo, portanto, permanentemente recomeçar – se desgasta, enquanto essas sociedades morrem em virtude dessa solução. A Antiguidade morreu por causa de suas religiões. Quando o judaísmo e o cristianismo apareceram, aos poucos criou-se a fé nos indivíduos. Antes de Santo Agostinho e Descartes, São Paulo inventou o *ego* universal.

Há dois tipos de religiões: as antropólogas e sociólogas esgotam o sentido daquelas que fundam o sentimento de pertencer, em que reinam a violência e o sagrado. De forma inversa, para as religiões da pessoa, a expressão "sociologia, política das religiões" recorda um oximoro.

A distinção monoteísmo/politeísmo não se reduz à crença em um ou vários deuses, mas designa uma separação mais radical entre crença e fé, entre social e individual. Quando o Evangelho recomenda a dissociação entre Deus e César, ele diferencia a pessoa do seu coletivo. O imperador controla o "nós"; Deus se dirige ao "eu", fonte pontual sem espaço da minha fé Nele. Devo impostos à sociedade dominada pelo poder imperial; salvo minha alma. Por não ter lugar no mundo, a nova religião funda sua santidade no íntimo do interior da pessoa.

Entretanto, a nova religião funda também uma Igreja que se fecha, primeiramente, nas catacumbas, ao lado dos túmulos, não somente para escapar das perseguições de Roma, mas para se esconder de uma sociedade violenta extremamente desgastada, para tentar constituir um coletivo novo, deixando o pertencer sagrado para a comunhão dos santos. Vejo os primeiros cristãos, senhoras patrícias, escravos, estrangeiros da Palestina ou Iônia, sem distinção de sexo, de classe, de língua, sempre voltando seu olhar e sua atenção fervorosa para a imagem da vítima inocente, compartilhando uma hóstia simbólica em vez de membros esparsos de um linchamento. Se compreendêssemos esse gesto, não mudaríamos de sociedade?

Se a Igreja realizou essa aposta ou não, a história, breve demais, pode julgar a respeito disso? Só sei que toda a sociedade, essa, tanto quanto as outras, se encontra, assim que nasce, presa na necessidade de gerar sua violência inevitável. Nenhuma comunidade escapa dessa lei implacável, nem mesmo a dos teólogos, filósofos, cientistas, historiadores, acadêmicos... tão perseguidora quanto qualquer grupo em fusão. A força societária da violência e do sagrado prepondera sobre as doces virtudes dos indivíduos e devasta rapidamente a comunhão dos santos. Ela pode escapar do mimetismo, da rivalidade, dos mecanismos cegos do bode expiatório? Então aqueles que pretendem lutar por Deus caem e só assassinam por um fantasma de César. No meio das guerras religiosas, Montaigne observava que não encontrava um furioso em mil que confessasse matar por sua fé. A violência sempre está presente entre nós e também no divino. Vivemos, ainda hoje, o retorno desses espectros.

Considerar a religião como um fato de sociedade ou de história, longe de caracterizar uma abordagem científica, ao contrário, faz parte da regressão contemporânea na direção das religiões sacrificiais da Antiguidade. O saber, aí, se presta à mesma cegueira que a mídia; nos dois casos, Deus estando morto, nossas condutas voltam para as religiões arcaicas; desde que o monoteísmo se calou, nós perambulamos, tendo nos tornado de novo politeístas, entre os espectros do sacrifício humano.

Por que todos os dias, ao meio-dia e à noite, a televisão apresenta com tanta complacência cadáveres, guerras e atentados? Por que o público fica paralisado com a visão de sangue derramado? Ratos para os outros homens, nós, homens, ficamos boquiabertos diante da violência e de seus espectros. O politeísmo sacrificial dá tanta coesão ao coletivo que eu o denominaria de "natural do cultural". Os profetas escritores de Israel conhecem bem esse retorno fatal do sacrifício, numa sociedade que não conseguia viver a dificuldade de um monoteísmo que a privava disso.

Como nos tempos bíblicos, isso acontece hoje conosco. Só um profeta pode lembrar-nos disso; devemos ouvi-lo.

Há dois tipos de religiões. Quase naturalmente, as culturas criam as religiões do sagrado, que se diferenciam daquelas que essas próprias coletividades mal podem tolerar, visto que, por serem santas, elas proíbem o assassinato. Raro e difícil de ser vivido por sua exceção insuportável, o monoteísmo faz a crítica mais devastadora dos politeísmos comuns, que sempre retornam na sua fatalidade. O santo critica o sagrado, como o monoteísmo critica a idolatria.

O senhor desvincula a fé dos crimes da história, inclusive daqueles perpetrados em nome do divino, não para justificar a religião, mas para restabelecer a verdade, cujo critério aqui está: nunca derramar sangue.

Meditando dessa forma, o senhor traz a razão para pensar sobre questões de violência que pareciam excluí-la. Ela não pertence, legitimamente, a ninguém, a nenhum saber, a nenhuma instituição, mas é conquistada somente por exercício. Parece, sem dúvida, fácil praticá-la nas ciências exatas; porém, o senhor a introduz em campos difíceis. Vê-se com frequência, hoje, a religião ser reduzida a um fideísmo insípido e irracional fora de todo racionalismo; como se, vinda de um coração de um doce enjoativo, a fé desse as costas à razão. O senhor restabelece, pelo contrário, com a maior das nossas tradições, em que uma busca a outra, reconciliando-as.

O senhor o faz, além disso, seguindo um caminho de uma extensão pouco comum. Eu avalio a importância da sua hipótese com a extensão da sua projeção; ela renovou, de fato, a *crítica literária*: eu tentei fazer compreender, ao começar, que agora líamos de uma maneira diferente a tragédia grega, renascentista e clássica; mas deixamos um exercício que, limitado a si mesmo, seria inútil, para pensar melhor, graças ao senhor, nas tragédias que vivemos. De igual modo, sua hipótese renovou a *história*: interpretamos agora de outra maneira a fundação de Roma, os conflitos, os movimentos da multidão, as revoluções; mas deixamos um exercício que, limitado a si mesmo, seria inútil, para compreender melhor, graças ao senhor, o horror do nosso século XX; ela renovou também *a psicologia*: se o triângulo à francesa refresca a leitura dos romances dos séculos XVIII e XIX e suas mentiras românticas, nós deixamos um exercício que, limitado a si mesmo, seria inútil, pois seu mimetismo permite interpretar melhor o narcisismo, as relações amorosas, a homossexualidade, até reler a psicanálise; compreender melhor também os mecanismos do desejo e da concorrência que modelam *nossa economia*. Avançamos, também graças ao senhor, na *antropologia,* na *história das religiões* e na *teologia*, voltando a dar importância ao sacrifício, voltando a situar as religiões, a judaica e a cristã, em relação aos diversos politeísmos; mas logo deixamos um exercício que, limitado a si mesmo, seria inútil, para apreender melhor enfim as novidades monótonas da idade contemporânea. Para compreender nosso tempo, temos não somente o novo Darwin da cultura, mas também um doutor da Igreja.

Seu pensamento, com certeza, me traz sempre ao momento presente. Tenho pressa de encontrá-lo.

Há pouco, eu dizia que o espaço nos separa e nos une; mas o tempo também nos reúne; nós dois nascemos intelectualmente através de uma mulher cuja vida e rosto posso evocar por gratidão; aproximadamente na mesma idade, lemos Simone Weil; seu gênio e as atrocidades da guerra fizeram dessa mulher inspirada, judia e ao mesmo tempo cristã, a última das grandes místicas, a filósofa derradeira para quem o heroísmo e a espiritualidade tinham tanto, senão mais densidade, do que a própria vida. Lembro-me das reuniões, na Califórnia, entre alemães e franceses, inimigos em tempos apagados da nossa memória, que se tornaram depois amigos, que confessavam de comum acordo ter começado a meditar sob a doce égide dessa heroína que dedicou sua existência à santidade.

De fato, poderíamos viver, escrever e pensar sozinhos, nós outros, homens frágeis, sem outras mulheres santas? Sua obra, senhor, converte quem a lê à certeza do pecado original, cujo rastro constante na história nos obriga continuamente a criar entre nós uma violência irreprimível. Diante desse modelo duro, sua vida também vem acompanhada de uma segunda imagem feminina, mais doce, amável, insubstituível. Além dos seus doze apóstolos homens, até Jesus Cristo precisou de mulheres santas, e, entre elas, de uma Maria Madalena, para derramar sobre ele o seu perfume, e de uma Marta, para a vida cotidiana. Aqui temos duas figuras da inspiradora necessária para quem se joga, sedento, no deserto da obra. Aquela que derramou o nardo precioso, açambarcadora da melhor parte, recebeu, na história santa, muitos elogios e serviu de modelo de tantas representações profanas que não preciso mencioná-la e posso beneficiar, enfim, a segunda, de quem ninguém diz uma palavra sequer. Sempre na labuta, nunca na celebração.

Eu a vejo americana, portadora de uma tradição cristã tão antiga quanto a imigração, consistente, leal, generosa e doce, retirada. A senhora encarna as virtudes que admiramos, há séculos, na cultura do seu país: a fidelidade, a constância e a força, o conselho, a correção de julgamento, a fineza na apreensão dos sentimentos do outro, a dedicação, a reação viva depois da prova, o dinamismo e a lucidez diante das coisas da vida. Sem a senhora, sem sua presença inimitável, poucas pessoas o sabem, que o saibam hoje, a grande obra, que hoje eu tenho a enorme responsabilidade de louvar, sem dúvida não teria surgido. Com seus filhos e netos, cujos rostos amigos vejo neste momento, a senhora representa também a ligação entre o que aconteceu há muito tempo no meio oeste do seu Novo Mundo e o que se diz hoje em Paris, com vestes antigas. Aqui temos: um cidadão francês, eu, professor da Universidade Stanford, recebe na Cúpula, uma das mais antigas instituições da França, um cidadão americano, francês de nascimento, ele mesmo, René Girard, professor na mesma universidade. Seria somente uma réplica, se a senhora não estivesse presente nesta sessão e não completasse o triângulo, uma nova e milagrosa vez sem mimetismo, sem rivalidade. A senhora nos liga pelo afeto que tenho pelo seu marido e pela senhora; a senhora liga também nossos dois países, cuja amizade infinitamente preciosa celebro. Ela conheceu a prova de nuvens passageiras, mas a própria relação que é das mais próximas o comprova.

Sobre seus ombros repousa a ponte do mundo. A paz reinará, a humanidade será construída, mesclada, menos através da ajuda de tratados entre nações, da política, do direito ou trocas comerciais, do que através de modestas ligações amorosas tecidas pelas mulheres nos casamentos sem fronteiras. Então, nos seus lares vibrarão, que maravilha, duas línguas maternas. A harmonia vindoura se abre nessa música mestiça, multiplicando as cantigas e as passarelas entre as culturas. Senhora, ouço há muito tempo a ponte da sua voz.

Senhor, dirijo-me novamente ao senhor, que encontrou a hipótese mais fecunda do século. Encontrei um pouco de descanso nessas doces confidências, pois foi difícil sustentar a elevação para a grandeza das coisas que o senhor diz. Ficando com só uma lição, anunciarei aquela com que gostaria de terminar.

"Pedaços de carne cheios de sangue e membros horríveis" cujo horror eu bradei no começo, o senhor generalizou as ações sacrificiais às quais se entregam as culturas conhecidas. A hemoglobina jorra do corpo das vítimas humanas e animais, enfim, desses assassinatos coletivos cuja repugnância o senhor nos revela irremediavelmente. Pois bem, julgando a vítima culpada e os assassinos inocentes, as fábulas que os relatam mentem. O senhor nos ensina, portanto, que a falsidade acompanha o crime, e a mentira, o homicídio, um seguindo o outro como sua sombra. Do sangue derramado nascem os deuses, antigos ou contemporâneos, sempre falsos. Gêmeos, o erro e o assassinato continuam inseparáveis. Sublime racionalismo.

De forma inversa, inocentar a vítima significa não matar, desvendando por isso mesmo a verdade. Buscas a verdade? Não matarás! A revelação de inocência equivale, então, a uma genealogia da verdade, à qual o Ocidente, pelo monoteísmo judaico, a geometria grega e o cristianismo judeo e grego, todos os três sistemas críticos dos mitos, deve seu domínio único das razões e das coisas. Da verdade decorre a moral. Racionalismo sublime.

Dessa forma, o senhor ensinou-me, o que mudou minha vida, a distinguir o santo do sagrado, nada mais nada menos do que o falso do verdadeiro. Teologia, ética, epistemologia falam, em três disciplinas, com uma só voz.

Relato a seguir o episódio que vivi há cerca de quinze anos e que, a meu ver, mostrou-se como uma experiência praticamente fundamental relativa à legitimidade da sua hipótese. Nunca tive diante de mim alunos comparáveis aos prisioneiros de Fresnes ou da Santé; pois, ao contrário dos alunos comuns, eles têm tempo, portanto exageram no silêncio e na atenção. Sentindo-me à vontade nesses lugares, eu tinha em comum com eles a experiência de ter vivido, durante longos anos de adolescência, interno em colégios com arquitetura parecida com sua reclusão. Pediram-me, um dia, que eu falasse sobre o sagrado. Um deles protestou, dizendo que os rolos de pergaminho, o cálice, a pedra negra... reduziam-se a uma simples convenção. Arbitrária ou não, essa era a questão. Fiel a um método cuja exigência descarta a aula magistral, eu pedi a eles que se preparassem para responder a essa pergunta, refletindo sobre a morte durante alguns instantes, à parte. Retomando rapidamente o que havia dito, corrigi minha proposta, acrescentando: não somente a morte que os senhores e eu vamos viver, necessariamente, mas também aquela que podemos causar, acidentalmente ou pela vontade. Então, de repente três deles se levantaram, como se tivessem sido picados por uma serpente: Eu, eu, eu sei o que é o sagrado! Eram condenados por assassinato. Nunca obtive um silêncio tão contemplativo, extático e prolongado diante da prova. Os falsos deuses nos visitavam.

O santo se diferencia do sagrado. O sagrado mata, o santo pacifica. Não violenta, a santidade se afasta da inveja, dos ciúmes, das ambições das grandezas de estabelecimento, asilos do mimetismo, nos liberando assim das rivalidades cuja exasperação conduz às violências do sagrado. O sacrifício destrói, a santidade cria.

Vital, coletiva, pessoal, essa distinção engloba a cognitiva do falso e do verdadeiro. O sagrado une violência e mentira, assassinato e falsidade; seus deuses, modelados pelo coletivo em fúria, transpiram o fabricado. De forma inversa, o santo dá amor e verdade. Genealogia sobrenatural do verdadeiro cuja modernidade não se suspeitava: só somos francos ao amarmos inocentemente; não descobriremos, não produziremos nada a não ser tornando-nos santos.

Durante reuniões em que lamentei sua ausência, os presentes hesitaram, recentemente, em definir a palavra "religião". O senhor fala de duas famílias: as que unem as multidões agressivas em ritos violentos e sagrados, criadores de deuses múltiplos, falsos, necessários; as que, ao revelar a mentira das primeiras, param todo sacrifício para jogar a humanidade na aventura contingente e livre da santidade, para lançar a humanidade na aventura contingente e santa da liberdade.

Desejo terminar por algo que, sem dúvida, poucas pessoas podem ouvir na vida, algo que ainda não pronunciei diante de ninguém: senhor, o que seus livros dizem é verdade; o que o senhor diz, faz viver.

Uma vez esgotado o sacrifício, só lutaremos contra um inimigo: o estado a que desejávamos reduzir o inimigo quando, antigamente, brigávamos. Então, o único adversário nesse novo combate, a morte, vencida, dá lugar à ressurreição, à imortalidade.

Senhora secretária perpétua, peço agora sua permissão, mudando o protocolo, para deixar de lado, nestas últimas palavras, o tratamento formal cerimonial. Nesta reunião de iguais, estou orgulhoso de agora ter você entre nós, meu irmão.

breve explicação

Arnaldo Momigliano inspira nossa tarefa, já que a alquimia dos antiquários jamais se realizou: nenhum catálogo esgota a pluralidade do mundo e muito menos a dificuldade de uma questão complexa como a teoria mimética.

O cartógrafo borgeano conheceu constrangimento semelhante, como Jorge Luis Borges revelou no poema "La Luna". Como se sabe, o cartógrafo não pretendia muito, seu projeto era modesto: "cifrar el universo / En un libro". Ao terminá-lo, levantou os olhos "con ímpetu infinito", provavelmente surpreso com o poder de palavras e compassos. No entanto, logo percebeu que redigir catálogos, como produzir livros, é uma tarefa infinita:

> Gracias iba a rendir a la fortuna
> Cuando al alzar los ojos vio un bruñido
> Disco en el aire y comprendió aturdido
> Que se había olvidado de la luna.

Nem antiquários, tampouco cartógrafos: portanto, estamos livres para apresentar ao público brasileiro uma cronologia que não se pretende exaustiva da vida e da obra de René Girard.

Com o mesmo propósito, compilamos uma bibliografia sintética do pensador francês, privilegiando os livros publicados. Por isso, não mencionamos a grande quantidade de ensaios e capítulos de livros que escreveu, assim como de entrevistas que concedeu. Para o leitor interessado numa relação completa de sua vasta produção, recomendamos o banco de dados organizado pela Universidade de Innsbruck: http://www.uibk.ac.at/rgkw/mimdok/suche/index.html.en.

De igual forma, selecionamos livros e ensaios dedicados, direta ou indiretamente, à obra de René Girard, incluindo os títulos que sairão na Biblioteca René Girard. Nosso objetivo é estimular o convívio reflexivo com a teoria mimética. Ao mesmo tempo, desejamos propor uma coleção cujo aparato crítico estimule novas pesquisas.

Em outras palavras, o projeto da Biblioteca René Girard é também um convite para que o leitor venha a escrever seus próprios livros acerca da teoria mimética.

cronologia de René Girard

René Girard nasce em Avignon (França) no dia 25 de dezembro de 1923; o segundo de cinco filhos. Seu pai trabalha como curador do Museu da Cidade e do famoso "Castelo dos Papas". Girard estuda no liceu local e recebe seu *baccalauréat* em 1940. De 1943 a 1947 estuda na École des Chartes, em Paris, especializando-se em história medieval e paleografia. Defende a tese *La Vie Privée à Avignon dans la Seconde Moitié du XVme Siècle*.

Em 1947 René Girard deixa a França e começa um doutorado em História na Universidade de Indiana, Bloomington, ensinando Literatura Francesa na mesma universidade. Conclui o doutorado em 1950 com a tese *American Opinion on France, 1940-1943*.

No dia 18 de junho de 1951, Girard casa-se com Martha McCullough. O casal tem três filhos: Martin, Daniel e Mary.

Em 1954 começa a ensinar na Universidade Duke e, até 1957, no Bryn Mawr College.

Em 1957 torna-se professor assistente de Francês na Universidade Johns Hopkins, em Baltimore.

Em 1961 publica seu primeiro livro, *Mensonge Romantique et Vérité Romanesque*, expondo os princípios da teoria do desejo mimético.

Em 1962 torna-se professor associado na Universidade Johns Hopkins.
Organiza em 1962 *Proust: A Collection of Critical Essays*, e, em 1963, publica *Dostoïevski, du Double à l'Unité*.
Em outubro de 1966, em colaboração com Richard Macksey e Eugenio Donato, organiza o colóquio internacional "The Languages of Criticism and the Sciences of Man". Nesse colóquio participam Lucien Goldmann, Roland Barthes, Jacques Derrida, Jacques Lacan, entre outros. Esse encontro é visto como a introdução do estruturalismo nos Estados Unidos. Nesse período, Girard desenvolve a noção do assassinato fundador.
Em 1968 tranfere-se para a Universidade do Estado de Nova York, em Buffalo, e ocupa a direção do Departamento de Inglês. Principia sua colaboração e amizade com Michel Serres. Começa a interessar-se mais seriamente pela obra de Shakespeare.
Em 1972 publica *La Violence et le Sacré*, apresentando o mecanismo do bode expiatório. No ano seguinte, a revista *Esprit* dedica um número especial à obra de René Girard.
Em 1975 retorna à Universidade Johns Hopkins.
Em 1978, com a colaboração de Jean-Michel Oughourlian e Guy Lefort, dois psiquiatras franceses, publica seu terceiro livro, *Des Choses Cachées depuis la Fondation du Monde*. Trata-se de um longo e sistemático diálogo sobre a teoria mimética compreendida em sua totalidade.
Em 1980, na Universidade Stanford, recebe a "Cátedra Andrew B. Hammond" em Língua, Literatura e Civilização Francesa. Com a colaboração de Jean-Pierre Dupuy, cria e dirige o "Program for Interdisciplinary Research", responsável pela realização de importantes colóquios internacionais.

Em 1982 publica *Le Bouc Émissaire* e, em 1985, *La Route Antique des Hommes Pervers*. Nesses livros, Girard principia a desenvolver uma abordagem hermenêutica para uma leitura dos textos bíblicos com base na teoria mimética.

Em junho de 1983, no Centre Culturel International de Cerisy-la-Salle, Jean-Pierre Dupuy e Paul Dumouchel organizam o colóquio "Violence et Vérité. Autour de René Girard". Os "Colóquios de Cerisy" representam uma referência fundamental na recente história intelectual francesa.

Em 1985 recebe, da Frije Universiteit de Amsterdã, o primeiro de muitos doutorados *honoris causa*. Nos anos seguintes, recebe a mesma distinção da Universidade de Innsbruck, Áustria (1988); da Universidade de Antuérpia, Bélgica (1995); da Universidade de Pádua, Itália (2001); da Universidade de Montreal, Canadá (2004); da University College London, Inglaterra (2006); da Universidade de St Andrews, Escócia (2008).

Em 1990 é criado o Colloquium on Violence and Religion (COV&R). Trata-se de uma associação internacional de pesquisadores dedicada ao desenvolvimento e à crítica da teoria mimética, especialmente no tocante às relações entre violência e religião nos primórdios da cultura. O Colloquium on Violence and Religion organiza colóquios anuais e publica a revista *Contagion*. Girard é o presidente honorário da instituição. Consulte se a página: http://www uibk.ac.at/theol/cover/.

Em 1990 visita o Brasil pela primeira vez: encontro com representantes da Teologia da Libertação, realizado em Piracicaba, São Paulo.

Em 1991 Girard publica seu primeiro livro escrito em inglês: *A Theatre of Envy: William Shakespeare* (Oxford University Press). O livro recebe o "Prix Médicis", na França.

Em 1995 aposenta-se na Universidade Stanford.
Em 1999 publica *Je Vois Satan Tomber comme l'Éclair*. Desenvolve a leitura antropológica dos textos bíblicos com os próximos dois livros: *Celui par qui le Scandale Arrive* (2001) e *Le Sacrifice* (2003).
Em 2000 visita o Brasil pela segunda vez: lançamento de *Um Longo Argumento do Princípio ao Fim. Diálogos com João Cezar de Castro Rocha e Pierpaolo Antonello*.
Em 2004 recebe o "Prix Aujourd'hui" pelo livro *Les Origines de la Culture. Entretiens avec Pierpaolo Antonello et João Cezar de Castro Rocha*.
Em 17 de março de 2005 René Girard é eleito para a Académie Française. O "Discurso de Recepção" foi feito por Michel Serres em 15 de dezembro. No mesmo ano, cria-se em Paris a Association pour les Recherches Mimétiques (ARM).
Em 2006 René Girard e Gianni Vattimo dialogam sobre cristianismo e modernidade: *Verità o Fede Debole? Dialogo su Cristianesimo e Relativismo*.
Em 2007 publica *Achever Clausewitz*, um diálogo com Benoît Chantre. Nessa ocasião, desenvolve uma abordagem apocalíptica da história.
Em outubro de 2007, em Paris, é criada a "Imitatio. Integrating the Human Sciences", (http://www.imitatio.org/), com apoio da Thiel Foundation. Seu objetivo é ampliar e promover as consequências da teoria girardiana sobre o comportamento humano e a cultura. Além disso, pretende apoiar o estudo interdisciplinar da teoria mimética. O primeiro encontro da Imitatio realiza-se em Stanford, em abril de 2008.
Em 2008 René Girard recebe a mais importante distinção da Modern Language Association (MLA): "Lifetime Achievement Award".

bibliografia de René Girard

Mensonge Romantique et Vérité Romanesque. Paris: Grasset, 1961. [*Mentira Romântica e Verdade Romanesca.* Trad. Lília Ledon da Silva. São Paulo: Editora É, 2009.]
Proust: A Collection of Critical Essays. Englewood Cliffs: Prentice Hall, 1962.
Dostoïevski, du Double à l'Unité. Paris: Plon, 1963. (Este livro será publicado na Biblioteca René Girard)
La Violence et le Sacré. Paris: Grasset, 1972.
Critique dans un Souterrain. Lausanne: L'Age d'Homme, 1976.
To Double Business Bound: Essays on Literature, Mimesis, and Anthropology. Baltimore: Johns Hopkins University Press, 1978. (Este livro será publicado na Biblioteca René Girard)
Des Choses Cachées depuis la Fondation du Monde. Pesquisas com Jean-Michel Oughourlian e Guy Lefort. Paris: Grasset, 1978.
Le Bouc Émissaire. Paris: Grasset, 1982.
La Route Antique des Hommes Pervers. Paris: Grasset, 1985.
Violent Origins: Walter Burkert, René Girard, and Jonathan Z. Smith on Ritual Killing and Cultural Formation. Org. Robert Hamerton-Kelly. Stanford: Stanford University Press, 1988. (Este livro será publicado na Biblioteca René Girard)

A Theatre of Envy: William Shakespeare. Nova York: Oxford University Press, 1991. [*Shakespeare: Teatro da Inveja.* Trad. Pedro Sette-Câmara. São Paulo: Editora É, 2010.]
Quand ces Choses Commenceront... Entretiens avec Michel Treguer. Paris: Arléa, 1994. (Este livro será publicado na Biblioteca René Girard)
The Girard Reader. Org. James G. Williams. Nova York: Crossroad, 1996.
Je Vois Satan Tomber comme l'Éclair. Paris: Grasset, 1999.
Um Longo Argumento do Princípio ao Fim. Diálogos com João Cezar de Castro Rocha e Pierpaolo Antonello. Rio de Janeiro: Topbooks, 2000. Este livro, escrito em inglês, foi publicado, com algumas modificações, em italiano, espanhol, polonês, japonês, coreano, tcheco e francês. Na França, em 2004, recebeu o "Prix Aujourd'hui".
Celui par Qui le Scandale Arrive: Entretiens avec Maria Stella Barberi. Paris: Desclée de Brouwer, 2001. (Este livro será publicado na Biblioteca René Girard)
La Voix Méconnue du Réel: Une Théorie des Mythes Archaïques et Modernes. Paris: Grasset, 2002. (Este livro será publicado na Biblioteca René Girard)
Il Caso Nietzsche. La Ribellione Fallita dell'Anticristo. Com colaboração e edição de Giuseppe Fornari. Gênova: Marietti, 2002.
Le Sacrifice. Paris: Bibliothèque Nationale de France, 2003. (Este livro será publicado na Biblioteca René Girard)
Oedipus Unbound: Selected Writings on Rivalry and Desire. Org. Mark R. Anspach. Stanford: Stanford University Press, 2004.
Miti d'Origine. Massa: Transeuropa Edizioni, 2005. (Este livro será publicado na Biblioteca René Girard)
Verità o Fede Debole. Dialogo su Cristianesimo e Relativismo. Com Gianni Vattimo. Org. Pierpaolo Antonello. Massa: Transeuropa Edizioni, 2006.

Achever Clausewitz (Entretiens avec Benoît Chantre). Paris: Carnets Nord, 2007. (Este livro será publicado na Biblioteca René Girard)

Le Tragique et la Pitié: Discours de Réception de René Girard à l'Académie Française et Réponse de Michel Serres. Paris: Editions le Pommier, 2007. (Este livro será publicado na Biblioteca René Girard)

De la Violence à la Divinité. Paris: Grasset, 2007. Reunião dos principais livros de Girard publicados pela Editora Grasset, acompanhada de uma nova introdução para todos os títulos. O volume inclui *Mensonge Romantique et Vérité Romanesque*, *La Violence et le Sacré*, *Des Choses Cachées depuis la Fondation du Monde* e *Le Bouc Émissaire*.

Dieu, une Invention?. Com André Gounelle e Alain Houziaux. Paris: Editions de l'Atelier, 2007. (Este livro será publicado na Biblioteca René Girard)

Evolution and Conversion. Dialogues on the Origins of Culture. Com Pierpaolo Antonello e João Cezar de Castro Rocha. Londres: The Continuum, 2008. (Este livro será publicado na Biblioteca René Girard)

Anorexie et Désir Mimétique. Paris: L'Herne, 2008. (Este livro será publicado na Biblioteca René Girard)

Mimesis and Theory: Essays on Literature and Criticism, 1953-2005. Org. Robert Doran. Stanford: Stanford University Press, 2008.

La Conversion de l'Art. Paris: Carnets Nord, 2008. Este livro é acompanhado por um DVD, *Le Sens de l'Histoire*, que reproduz um diálogo com Benoît Chantre. (Este livro será publicado na Biblioteca René Girard)

Gewalt und Religion: Gespräche mit Wolfgang Palaver. Berlim: Matthes & Seitz Verlag, 2010.

Géométries du Désir. Prefácio de Mark Anspach. Paris: Ed. de L'Herne, 2011.

bibliografia selecionada sobre René Girard[1]

BANDERA, Cesáreo. *Mimesis Conflictiva: Ficción Literaria y Violencia en Cervantes y Calderón*. (Biblioteca Románica Hispánica – Estudios y Ensayos 221). Prefácio de René Girard. Madri: Editorial Gredos, 1975.

SCHWAGER, Raymund. *Brauchen Wir einen Sündenbock? Gewalt und Erläsung in den Biblischen Schriften*. Munique: Kasel, 1978.

DUPUY, Jean-Pierre e DUMOUCHEL, Paul. *L'Enfer des Choses: René Girard et la Logique de l'Économie*. Posfácio de René Girard. Paris: Le Seuil, 1979.

CHIRPAZ, François. *Enjeux de la Violence: Essais sur René Girard*. Paris: Cerf, 1980.

GANS, Eric. *The Origin of Language: A Formal Theory of Representation*. Berkeley: University of California Press, 1981.

AGLIETTA, M. e ORLÉAN, A. *La Violence de la Monnaie*. Paris: PUF, 1982.

---

[1] Agradecemos a colaboração de Pierpaolo Antonello, do St John's College (Universidade de Cambridge). Nesta bibliografia, adotamos a ordem cronológica em lugar da alfabética a fim de evidenciar a recepção crescente da obra girardiana nas últimas décadas.

OUGHOURLIAN, Jean-Michel. *Un Mime Nomme Desir: Hysterie, Transe, Possession, Adorcisme*. Paris: Éditions Grasset et Fasquelle, 1982. (Este livro será publicado na Biblioteca René Girard)
DUPUY, Jean-Pierre e DEGUY, Michel (orgs.). *René Girard et le Problème du Mal*. Paris: Grasset, 1982.
DUPUY, Jean-Pierre. *Ordres et Désordres*. Paris: Le Seuil, 1982.
FAGES, Jean-Baptiste. *Comprendre René Girard*. Toulouse: Privat, 1982.
MCKENNA, Andrew J. (org.). *René Girard and Biblical Studies (Semeia 33)*. Decatur, GA: Scholars Press, 1985.
CARRARA, Alberto. *Violenza, Sacro, Rivelazione Biblica: Il Pensiero di René Girard*. Milão: Vita e Pensiero, 1985.
DUMOUCHEL, Paul (org.). *Violence et Vérité – Actes du Colloque de Cerisy*. Paris: Grasset, 1985. Tradução para o inglês: *Violence and Truth: On the Work of René Girard*. Stanford: Stanford University Press, 1988.
ORSINI, Christine. *La Pensée de René Girard*. Paris: Retz, 1986.
To Honor René Girard. Presented on the Occasion of his Sixtieth Birthday by Colleagues, Students, Friends. Stanford French and Italian Studies 34. Saratoga, CA: Anma Libri, 1986.
LERMEN, Hans-Jürgen. *Raymund Schwagers Versuch einer Neuinterpretation der Erläsungstheologie im Anschluss an René Girard*. Mainz: Unveräffentlichte Diplomarbeit, 1907.
LASCARIS, André. *Advocaat van de Zondebok: Het Werk van René Girard en het Evangelie van Jezus*. Hilversum: Gooi & Sticht, 1987.
BEEK, Wouter van (org.). *Mimese en Geweld: Beschouwingen over het Werk van René Girard*. Kampen: Kok Agora, 1988.
HAMERTON-KELLY, Robert G. (org.). *Violent Origins: Walter Burkert, Rene Girard, and*

Jonathan Z. Smith on Ritual Killing and Cultural Formation. Stanford: Stanford University Press, 1988. (Este livro será publicado na Biblioteca René Girard)

GANS, Eric. *Science and Faith: The Anthropology of Revelation.* Savage, MD: Rowman & Littlefield, 1990.

ASSMANN, Hugo (org.). *René Girard com Teólogos da Libertação: Um Diálogo sobre Ídolos e Sacrifícios.* Petrópolis: Vozes, 1991. Tradução para o alemão: *Gätzenbilder und Opfer: René Girard im Gespräch mit der Befreiungstheologie.* (Beiträge zur mimetischen Theorie 2). Thaur, Münster: Druck u. Verlagshaus Thaur, LIT-Verlag, 1996. Tradução para o espanhol: *Sobre Ídolos y Sacrificios: René Girard con Teólogos de la Liberación.* (Colección Economía-Teología). San José, Costa Rica: Editorial Departamento Ecuménico de Investigaciones, 1991.

ALISON, James. *A Theology of the Holy Trinity in the Light of the Thought of René Girard.* Oxford: Blackfriars, 1991.

RÉGIS, J. P. (org.). *Table Ronde Autour de René Girard.* (Publications des Groupes de Recherches Anglo-américaines 8). Tours: Université François Rabelais de Tours, 1991.

WILLIAMS, James G. *The Bible, Violence, and the Sacred: Liberation from the Myth of Sanctionated Violence.* Prefácio de René Girard. San Francisco: Harper, 1991.

LUNDAGER JENSEN, Hans Jürgen. *René Girard.* (Profil-Serien 1). Frederiksberg: Forlaget Anis, 1991.

HAMERTON-KELLY, Robert G. *Sacred Violence: Paul's Hermeneutic of the Cross.* Minneapolis: Augsburg Fortress, 1992. (Este livro será publicado na Biblioteca René Girard)

MCKENNA, Andrew J. (org.). *Violence and Difference: Girard, Derrida, and Deconstruction.* Chicago: University of Illinois Press, 1992.

LIVINGSTON, Paisley. *Models of Desire: René Girard and the Psychology of Mimesis*. Baltimore: The Johns Hopkins University Press, 1992.
LASCARIS, André e WEIGAND, Hans (orgs.). *Nabootsing: In Discussie over René Girard*. Kampen: Kok Agora, 1992.
GOLSAN, Richard J. *René Girard and Myth: An Introduction*. Nova York e Londres: Garland, 1993 (Nova York: Routledge, 2002). (Este livro será publicado na Biblioteca René Girard)
GANS, Eric. *Originary Thinking: Elements of Generative Anthropology*. Stanford: Stanford University Press, 1993.
HAMERTON-KELLY, Robert G. *The Gospel and the Sacred: Poetics of Violence in Mark*. Prefácio de René Girard. Minneapolis: Fortress Press, 1994.
BINABURO, J. A. Bakeaz (org.). *Pensando en la Violencia: Desde Walter Benjamin, Hannah Arendt, René Girard y Paul Ricoeur*. Centro de Documentación y Estudios para la Paz. Madri: Libros de la Catarata, 1994.
MCCRACKEN, David. *The Scandal of the Gospels: Jesus, Story, and Offense*. Oxford: Oxford University Press, 1994.
WALLACE, Mark I. e SMITH, Theophus H. *Curing Violence: Essays on René Girard*. Sonoma, CA: Polebridge Press, 1994.
BANDERA, Cesáreo. *The Sacred Game: The Role of the Sacred in the Genesis of Modern Literary Fiction*. University Park: Pennsylvania State University Press, 1994. (Este livro será publicado na Biblioteca René Girard)
ALISON, James. *The Joy of Being Wrong: An Essay in the Theology of Original Sin in the Light of the Mimetic Theory of René Girard*. Santiago de Chile: Instituto Pedro de Córdoba, 1994. (Este livro será publicado na Biblioteca René Girard)

LAGARDE, François. *René Girard ou la Christianisation des Sciences Humaines*. Nova York: Peter Lang, 1994.
TEIXEIRA, Alfredo. *A Pedra Rejeitada: O Eterno Retorno da Violência e a Singularidade da Revelação Evangélica na Obra de René Girard*. Porto: Universidade Católica Portuguesa, 1995.
BAILIE, Gil. *Violence Unveiled: Humanity at the Crossroads*. Nova York: Crossroad, 1995.
TOMELLERI, Stefano. *René Girard. La Matrice Sociale della Violenza*. Milão: F. Angeli, 1996.
GOODHART, Sandor. *Sacrificing Commentary: Reading the End of Literature*. Baltimore: Johns Hopkins University Press, 1996.
PELCKMANS, Paul e VANHEESWIJCK, Guido. *René Girard, het Labyrint van het Verlangen: Zes Opstellen*. Kampen/Kapellen: Kok Agora/Pelcckmans, 1996.
GANS, Eric. *Signs of Paradox: Irony, Resentment, and Other Mimetic Structures*. Stanford: Stanford University Press, 1997.
SANTOS, Laura Ferreira dos. *Pensar o Desejo: Freud, Girard, Deleuze*. Braga: Universidade do Minho, 1997.
GROTE, Jim e McGEENEY, John R. *Clever as Serpents: Business Ethics and Office Politics*. Minnesota: Liturgical Press, 1997. (Este livro será publicado na Biblioteca René Girard)
FEDERSCHMIDT, Karl H.; ATKINS, Ulrike; TEMME, Klaus (orgs.). *Violence and Sacrifice: Cultural Anthropological and Theological Aspects Taken from Five Continents*. Intercultural Pastoral Care and Counseling 4. Düsseldorf: SIPCC, 1998.
SWARTLEY, William M. (org.). *Violence Renounced: René Girard, Biblical Studies and Peacemaking*. Telford: Pandora Press, 2000.
FLEMING, Chris. *René Girard: Violence and Mimesis*. Cambridge: Polity, 2000.

ALISON, James. *Faith Beyond Resentment: Fragments Catholic and Gay*. Londres: Darton, Longman & Todd, 2001. Tradução para o português: *Fé Além do Ressentimento: Fragmentos Católicos em Voz Gay*. São Paulo: Editora É, 2010.

ANSPACH, Mark Rogin. *A Charge de Revanche: Figures Élémentaires de la Réciprocité*. Paris: Editions du Seuil, 2002. (Este livro será publicado na Biblioteca René Girard)

GOLSAN, Richard J. *René Girard and Myth*. Nova York: Routledge, 2002. (Este livro será publicado na Biblioteca René Girard)

DUPUY, Jean-Pierre. *Pour un Catastrophisme Éclairé. Quand l'Impossible est Certain*. Paris: Editions du Seuil, 2002. (Este livro será publicado na Biblioteca René Girard)

JOHNSEN, William A. *Violence and Modernism: Ibsen, Joyce, and Woolf*. Gainesville, FL: University Press of Florida, 2003. (Este livro será publicado na Biblioteca René Girard)

KIRWAN, Michael. *Discovering Girard*. Londres: Darton, Longman & Todd, 2004. (Este livro será publicado na Biblioteca René Girard)

BANDERA, Cesáreo. *Monda y Desnuda: La Humilde Historia de Don Quijote. Reflexiones sobre el Origen de la Novela Moderna*. Madri: Iberoamericana, 2005. (Este livro será publicado na Biblioteca René Girard)

VINOLO, Stéphane. *René Girard: Du Mimétisme à l'Hominisation, la Violence Différante*. Paris: L'Harmattan, 2005. (Este livro será publicado na Biblioteca René Girard)

INCHAUSTI, Robert. *Subversive Orthodoxy: Outlaws, Revolutionaries, and Other Christians in Disguise*. Grand Rapids, MI: Brazos Press, 2005. (Este livro será publicado na Biblioteca René Girard)

FORNARI, Giuseppe. *Fra Dioniso e Cristo. Conoscenza e Sacrificio nel Mondo Greco e nella Civiltà Occidentale.* Gênova-Milão: Marietti, 2006. (Este livro será publicado na Biblioteca René Girard)

ANDRADE, Gabriel. *La Crítica Literaria de René Girard.* Mérida: Universidad del Zulia, 2007.

HAMERTON-KELLY, Robert G. (org.). *Politics & Apocalypse.* East Lansing, MI: Michigan State University Press, 2007. (Este livro será publicado na Biblioteca René Girard)

LANCE, Daniel. *Vous Avez Dit Elèves Difficiles? Education, Autorité et Dialogue.* Paris, L'Harmattan, 2007. (Este livro será publicado na Biblioteca René Girard)

VINOLO, Stéphane. *René Girard: Épistémologie du Sacré.* Paris: L'Harmattan, 2007. (Este livro será publicado na Biblioteca René Girard)

OUGHOURLIAN, Jean-Michel. *Genèse du Désir.* Paris: Carnets Nord, 2007. (Este livro será publicado na Biblioteca René Girard)

ALBERG, Jeremiah. *A Reinterpretation of Rousseau: A Religious System.* Nova York: Palgrave Macmillan, 2007. (Este livro será publicado na Biblioteca René Girard)

DUPUY, Jean-Pierre. *Dans l'Oeil du Cyclone – Colloque de Cerisy.* Paris: Carnets Nord, 2008. (Este livro será publicado na Biblioteca René Girard)

DUPUY, Jean-Pierre. *La Marque du Sacré.* Paris: Carnets Nord, 2008. (Este livro será publicado na Biblioteca René Girard)

ANSPACH, Mark Rogin (org.). *René Girard.* Les Cahiers de l'Herne n. 89. Paris: L'Herne, 2008. (Este livro será publicado na Biblioteca René Girard)

DEPOORTERE, Frederiek. *Christ in Postmodern Philosophy: Gianni Vattimo, Rene Girard, and Slavoj Zizek.* Londres: Continuum, 2008.

PALAVER, Wolfgang. *René Girards Mimetische Theorie. Im Kontext Kulturtheoretischer und Gesellschaftspolitischer Fragen.* 3. Auflage. Münster: LIT, 2008.

BARBERI, Maria Stella (org.). *Catastrofi Generative - Mito, Storia, Letteratura.* Massa: Transeuropa Edizioni, 2009. (Este livro será publicado na Biblioteca René Girard)

ANTONELLO, Pierpaolo e BUJATTI, Eleonora (orgs.). *La Violenza Allo Specchio. Passione e Sacrificio nel Cinema Contemporaneo.* Massa: Transeuropa Edizioni, 2009. (Este livro será publicado na Biblioteca René Girard)

RANIERI, John J. *Disturbing Revelation – Leo Strauss, Eric Voegelin, and the Bible.* Columbia, MO: University of Missouri Press, 2009. (Este livro será publicado na Biblioteca René Girard)

GOODHART, Sandor; JORGENSEN, J.; RYBA, T.; WILLIAMS, J. G. (orgs.). *For René Girard. Essays in Friendship and in Truth.* East Lansing, MI: Michigan State University Press, 2009.

ANSPACH, Mark Rogin. *Oedipe Mimétique.* Paris: Éditions de L'Herne, 2010. (Este livro será publicado na Biblioteca René Girard)

MENDOZA-ÁLVAREZ, Carlos. *El Dios Escondido de la Posmodernidad. Deseo, Memoria e Imaginación Escatológica. Ensayo de Teología Fundamental Posmoderna.* Guadalajara: ITESO, 2010. (Este livro será publicado na Biblioteca René Girard)

ANDRADE, Gabriel. *René Girard: Un Retrato Intelectual.* 2010. (Este livro será publicado na Biblioteca René Girard)

índice analítico

Antropologia
  mimética, 62
  trágica, 58
Apocalipse, 37
Assassinato coletivo,
  70
Ativismo, 31
Autonomia
  ilusão de, 14
Bode expiatório, 15,
  46
  mecanismo do, 65
Caos pós-conciliar, 21
Ceticismo
  moderno, 16
Concílio Vaticano II,
  21, 26
Consolação mística, 29
Conversão, 14
Cristianismo, 58, 70
Cultura
  origem sacrificial
  da, 15-16
Darwinismo, 52
Desejo, 49, 51
  mimético, 16, 58
  mimetismo do, 50
Deus
  silêncio de, 29, 31

Domesticação dos
  animais, 61
Duplo, 49, 53, 58
Eloquência religiosa,
  28
Encarnação de Cristo,
  27
Esperança, 41
Eternidade, 30
Exodarwinismo, 52
Experiência mística,
  28, 38, 40, 42
  caráter involuntário
  da, 28
  como fonte de
  felicidade, 29
  e alegria, 28
  e eternidade, 28
  e presença divina, 28
  lembrança da, 39
Fé, 66
Fideísmo, 66
Graça, 38
  noção de, 38
Guerra Civil
  Espanhola, 57
Guerra colonial, 57
História
  e violência, 59

Holocausto, 57, 59
Humanismo cético, 42
Idolatria, 66
Imitação, 48-49, 53,
  58
  e pedagogia, 51
  e violência, 58
Individualismo
  moderno, 16
Interdisciplinaridade,
  56, 66, 71
Inveja, 16, 53, 58, 72
Judaísmo, 58
Mecanismo vitimário,
  61
Mentira romântica, 67
Mimetismo, 49, 52,
  62, 69
Mímica, 48-49
Misticismo, 28, 68
Mito, 63
Modelo, 30, 68
Monoteísmo, 61,
  65-66
  judaico, 70
Nacionalismo, 15
Narcisismo, 67
Narrativa
  antissacrificial, 16

Neurônios-espelho, 49
Niilismo anticristão, 32
Objeto, 50
Ódio, 47
Oratória, 28
Orgulho, 42
Padrão de dominância, 49
Pai-Nosso reforma do, 23
Paixão, 16, 61
Pecado original, 68
Pensamento místico, 32
Perdão reciprocidade do, 23
Piedade, 61
monoteísta, 61
Politeísmo, 58, 63, 65
sacrificial, 61, 65
Politicamente correto, 48
Primeira Guerra Mundial, 56
Racionalismo, 66
Religião
  arcaica, 65
  definição de, 72
  do sagrado, 66
  sacrificial, 65
Religiosamente correto, 23
Resistência Francesa, 13, 21
Ressentimento, 15, 47, 53
Ressurreição, 73
Revelação, 16
Rivalidade, 47, 49, 69, 72
  mimética, 53-54
Sacrifício
  esgotamento do, 73
  humano, 58, 60, 65
  retorno do, 65
Sagrado, 63, 71
  violência do, 72
Santidade, 39, 68
  moderna, 30
  não violência e, 72
  necessidade de, 41
  noção de, 30
  projeto de, 42
  sonho de, 35
  vocação de, 30
Santo *versus* sagrado, 66, 71-72
Secularização, 13
Segunda Guerra Mundial, 57
Teologia, 67
  dos padres gregos, 27
Totalitarismo, 15
Tragédia, 67
  clássica, 67
  grega, 59, 67
  renascentista, 67
Triângulo amoroso, 67
Violência, 47, 56, 63
  caráter inevitável da, 64
Vítima, 60
  animal, 62
  humana, 62
  inocência da, 16, 45, 61, 64, 70
  substituta, 61
Voluntarismo, 31
  moderno, 41

índice onomástico

Alison, James, 10
Althusser, Louis, 36
Anspach, Mark, 11
Barberi, Maria Stella, 17
Bossuet, Jacques-Bénigne, 20
Bourdieu, Pierre, 11
Bruno, Giordano, 62
Cardeal de Richelieu, 21
Carré, Ambroise-Marie, 12-13, 20, 23-24, 28-30, 32-33, 36-37, 40-43, 47
Chantre, Benoît, 11
Chardin, Teilhard, 27
Chenu, Marie-Dominique, 26
Corneille, Pierre, 46
Darwin, Charles, 15, 67
Descartes, René, 63
Dumouchel, Paul, 17
Dupuy, Jean-Pierre, 10-11
Green, Julien, 38
Gumbrecht, Hans Ulrich, 10
Hammerton-Kelly, Robert, 17
Harrison, Robert, 10
Jesus Cristo, 33, 62, 68
Joana d'Arc, 62
Lacordaire, Henri, 20
Lévi-Strauss, Claude, 12
Mao Tsé-Tung, 35
Marcel, Gabriel, 39
Mazarin, Jules, 47
Montaigne, Michel de, 65
Nietzsche, Friedrich, 36, 46
Popper, Karl, 53
Santa Teresa de Lisieux, 32
Santo Agostinho, 63
São Paulo, 63
Sertillanges, Antonin-Dalmace, 26
Shakespeare, William, 46
Tocqueville, Alexis de, 56
Treguer, Michel, 14
Weil, Simone, 68
Wittman, Laura, 10

94   o trágico e a piedade

biblioteca René Girard*
coordenação João Cezar de Castro Rocha

Dostoiévski: do duplo à unidade
René Girard

Anorexia e desejo mimético
René Girard

A conversão da arte
René Girard

René Girard: um retrato intelectual
Gabriel Andrade

Rematar Clausewitz: além *Da Guerra*
René Girard e Benoît Chantre

Evolução e conversão
René Girard, Pierpaolo Antonello e João Cezar de Castro Rocha

O tempo das catástrofes
Jean-Pierre Dupuy

"Despojada e despida": a humilde história de Dom Quixote
Cesáreo Bandera

Descobrindo Girard
Michael Kirwan

Violência e modernismo: Ibsen, Joyce e Woolf
William A. Johnsen

Quando começarem a acontecer essas coisas
René Girard e Michel Treguer

Espertos como serpentes
Jim Grote e John McGeeney

O pecado original à luz da ressurreição
James Alison

Violência sagrada
Robert Hamerton-Kelly

Aquele por quem o escândalo vem
René Girard

O Deus escondido da pós-modernidade
Carlos Mendoza-Álvarez

Deus: uma invenção?
René Girard, André Gounelle e Alain Houziaux

Teoria mimética: a obra de René Girard (6 aulas)
João Cezar de Castro Rocha

René Girard: do mimetismo à hominização
Stéphane Vinolo

O sacrifício
René Girard

O trágico e a piedade
René Girard e Michel Serres

* A Biblioteca reunirá cerca de 60 livros e os títulos acima serão os primeiros publicados.

Dados Internacionais de Catalogação na Publicação (CIP)
(Câmara Brasileira do Livro, SP, Brasil)

Girard, René
    O trágico e a piedade: discurso de posse de René Girard na Academia Francesa e discurso de recepção de Michel Serres / tradução de Margarita Maria Garcia Lamelo. – São Paulo: É Realizações, 2011.

Título original: Le tragique et la pitié.
ISBN 978-85-8033-062-5

1. Filosofia francesa 2. Girard, René, 1923- Apreciação I. Serres, Michel.
II. Título.

11-09363   CDD-194

Índices para catálogo sistemático:
1. Filosofia francesa   194

Este livro foi impresso pela Prol Editora Gráfica para É Realizações, em agosto de 2011. Os tipos usados são da família Rotis Serif Std e Rotis Semi Sans Std. O papel do miolo é pólem bold 90g, e o da capa, cartão supremo 300g.